미니 100배 즐기기

환상의 비치 파라다이스
보라카이

한혜원 · 박진주 지음

작가 소개

한혜원

좋아하는 가수 보아의 콘서트를 관람하러 일본으로 훌쩍 떠나곤 하는 철없는 어른이자 하루에도 열댓 번씩 다른 미래를 꿈꾸는 몽상가다. 등 떠밀려 떠난 혼자만의 낯선 홍콩 여행을 계기로 여행에 빠졌다. 이제는 날아가는 비행기만 봐도 가슴이 콩닥거려 아예 이 길로 들어서기로 했다.

저서
《말레이시아 100배 즐기기》, 《필리핀 100배 즐기기》, 《푸켓 100배 즐기기》(알에이치코리아), 《홍콩·마카오 셀프트래블》, 《발리 셀프트래블》, 《싱가포르 셀프트래블》, 《도쿄 셀프트래블》(상상출판)

Thanks to
10년 전 사수 등만 따라다니며 어리바리 첫발을 내디뎠던 출장지가 바로 보라카이입니다. 그래서인지 보라카이는 다른 여행지보다 유독 애정이 큰 곳입니다. 늘 시간에 쫓겨 그 눈부신 에메랄드빛 바다에 발 한 번 못 담갔던 첫 출장을 시작으로, 이런저런 계기로 참 많이도 들락거렸습니다.
이제는 여유가 조금 생길 법 한데도 매번 머리에 스팀 뿜으며 다니는 나를 위해 많은 도움을 주는 엔조이 필리핀의 아쿠 님과 쿠퍼 님! 절대 감사 인사를 빼놓을 수 없습니다. 항상 응원을 아끼지 않는 고아시아 식구들과 특별한 친구 경선이, 취재 내내 많은 도움을 준 유참이, 산더미처럼 쌓인 바나나칩을 열심히 씹으며 맛 평가에 일조해준 아씽의 돼제탈레스, 무협이, 오인혁 님께도 무한 감사를 드립니다.

박진주

일찌감치 여행의 묘한 매력에 빠져 세계 곳곳을 골목골목 누비고 다녔다. 짧게 가는 여행에 목마름만 더해져 하던 일을 그만두고 본격적으로 여행을 다니기 시작했고, 결국 좋아하는 여행을 업으로 삼는 행운까지 얻게 되었다. 오늘도 'No Travel, No Life!'를 외치며 열심히 사진을 찍고 글을 쓰고 있다.

저서
《말레이시아 100배 즐기기》, 《필리핀 100배 즐기기》(알에이치코리아), 《저스트고 타이완》, 《시크릿 타이베이》, 《시크릿 발리》, 《50만원 해외여행 베스트 코스북》(시공사), 《프렌즈 싱가포르》(중앙북스), 《지금, 홍콩·마카오》(플래닝북스), 《7박 8일 이스탄불》(올)
www.LetterFromLeely.com

Thanks to
너무나 좋아하는 여행에 푹 빠져 지내다가 운 좋게도 여행하는 것을 직업으로 삼게 되었습니다. 저에게 '필리핀'은 특별한 애정과 추억이 담긴 곳입니다. 철부지 여행자에서 여행 작가가 되어 처음 여행했던 곳이라 행복했던 추억만큼 힘든 일도 겪었고, 웃지 못 할 에피소드도 많았지요. 몇 해 동안 치열하게 여행하고 작업을 이어가다 보니, 여행이 일처럼 되어버린 순간이 있었습니다. 그때 처음 저의 꿈을 실현시켜준 필리핀과 다시 만나게 되었습니다. 개정판 작업을 하며 다시 찾은 필리핀은 여전히 아름다운 자연환경과 순박한 사람들, 다채로운 매력으로 가득했고, 여행 자체가 주는 에너지를 다시금 되찾게 해주었습니다. 그리고 초심으로 돌아가 모든 것에 감사함을 느끼게 해주었습니다.
해외 출장을 자주 다니는 딸을 늘 걱정하시는 사랑하는 부모님과 오빠에게 먼저 출간의 기쁨과 감사를 드립니다. 늘 아낌없이 주는 나무 같은 다스 님과 멘토인 제스 언니에게도 감사의 마음을 전하고 싶습니다. 처음 여행 작가의 길로 인도해주신 아쿠아의 왕영호 대표님, 항상 감사하고 있습니다. 그리고 현지에서 도움주신 업체와 관계자 분들에게도 모두 진심으로 감사를 드립니다!

일러두기

미니 100배 즐기기는?

작고 가볍지만 내용만큼은 알찬 〈미니 100배 즐기기〉는 휴양지 여행을 앞둔 독자들이 가볍게 보고 휴대할 수 있는 미니 가이드북입니다. 믿고 보는 가이드북 〈100배 즐기기〉의 세컨드 시리즈로, 필요 없는 정보를 과감하게 덜어내고 꼭 필요한 정보만 알뜰하게 담아 독자들의 다양한 니즈를 충족시킵니다.

정보 구성

이 책은 크게 3개의 파트로 구성되어 있습니다.

Hello! Boracay
보라카이 매력 탐구

보라카이의 액티비티, 버킷리스트, 베스트 여행 코스 등 보라카이의 매력을 한눈에 볼 수 있게 미리 보기 형식으로 정리했습니다.

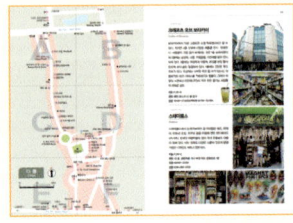

Here is Boracay
지금 여기, 보라카이

디 몰, 화이트 비치 북·남쪽, 기타 지역으로 파트를 나눠 맛집, 숙소, 쇼핑, 스파 등의 스폿을 상세하게 소개합니다.

How to go Boracay
보라카이 여행 준비

여권 발급, 항공권 구매, 입·출국 과정 등 여행 준비 항목을 D-day로 정리해 차근차근 준비할 수 있도록 가이드합니다.

화폐 표기

기본적으로는 현지 화폐인 페소 Peso를 사용했습니다. 금액 단위가 커지는 고급 리조트는 달러(US$)로 표시하기도 했습니다. 페소는 금액 뒤에 P를 붙이고 달러는 앞에 US$를 붙였습니다.

지도 읽기

본 책의 지도에 사용하는 기호는 아래 항목들을 나타냅니다. 지도를 볼 때 참고하시기 바랍니다.

- ■ 랜드마크 · 볼거리
- ⓢ 쇼핑
- ⓝ 나이트라이프
- ⓡ 레스토랑
- ⓜ 마사지 · 스파
- ⓗ 호텔 · 리조트

정보 문의

이 책은 〈필리핀 100배 즐기기〉를 기본으로, 내용을 보완하고 새롭게 디자인하여 구성한 것입니다. 책에 실린 정보는 2016년 9월까지 이루어진 취재를 바탕으로 합니다. 정확한 정보를 싣기 위해 노력했지만, 현지의 물가와 여행 정보는 끊임없이 변하기 때문에 변동 사항이 생길 수 있습니다. 여행 중 잘못된 정보를 발견한다면 아래 연락처로 제보 부탁드립니다. 독자 분들이 보내주신 최신 정보는 최대한 빨리 업데이트하도록 노력하겠습니다.

알에이치코리아 편집부 02-6443-8892
이메일 hwh0910@empal.com, l_b_v@naver.com

CONTENTS

Hello! Boracay
보라카이 매력 탐구

작가 소개 2
일러두기 4
필리핀 전도 14

느긋하고 유쾌한 필리피노 18
천혜의 바다에서 즐기는 액티비티 22
다양한 문화를 먹는 필리핀 음식 26
싸고 신선한 해산물 맛보기 31
세계적 수준의 체인 레스토랑 34
열대 과일의 천국 36
득템 찬스! 인기 쇼핑 아이템 38
현지인들이 즐기는 술 41
스파 & 마사지로 릴랙스 타임 42
직접 묵어보고 추천하는 숙소 44
보라카이에서 이것만은 꼭! 버킷리스트 46
베스트 여행 코스 50

Here is Boracay
지금 여기, 보라카이

보라카이는 어떤 곳일까? **56**

보라카이 들어가고 나오기 **58**

보라카이 교통 **64**

보라카이 전도 **66**

디 몰 **68**

SHOPPING / RESTAURANTS / NIGHTLIFE / SPA / STAYING

SPECIAL 우기의 보라카이 _95

화이트 비치 북쪽 **98**

SIGHTSEEING / RESTAURANTS / NIGHTLIFE / SPA / STAYING

SPECIAL 보라카이 나이트 스폿 비교 _121

SPECIAL 화이트 비치 100배 즐기기 _122

화이트 비치 남쪽 **128**

RESTAURANTS / NIGHTLIFE / SPA / STAYING

SPECIAL 보라카이 아일랜드 호핑 투어 _154

SPECIAL 보라카이 팔라우 세일링 _158

SPECIAL 아리엘 다이빙 포인트 투어 _160

기타 지역 **164**

SIGHTSEEING / RESTAURANTS / SPA / STAYING

SPECIAL 투명한 아름다움, 디니위드 비치 _178

How to go Boracay
보라카이 여행 준비

여행 계획 세우기 **182**

여권 만들기 **183**

항공권 예약하기 **184**

숙소 예약하기 **186**

여행 정보 수집하기 **187**

면세점 쇼핑 **188**

환전하기 **190**

짐 꾸리기 & 여행자보험 가입하기 **191**

출국하기 **192**

INDEX **196**

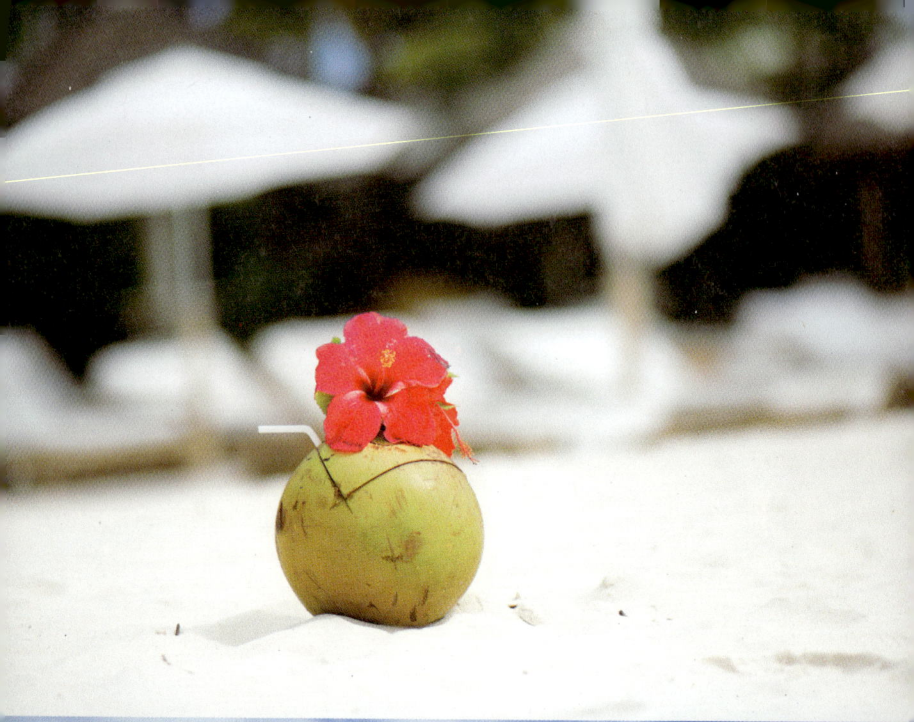

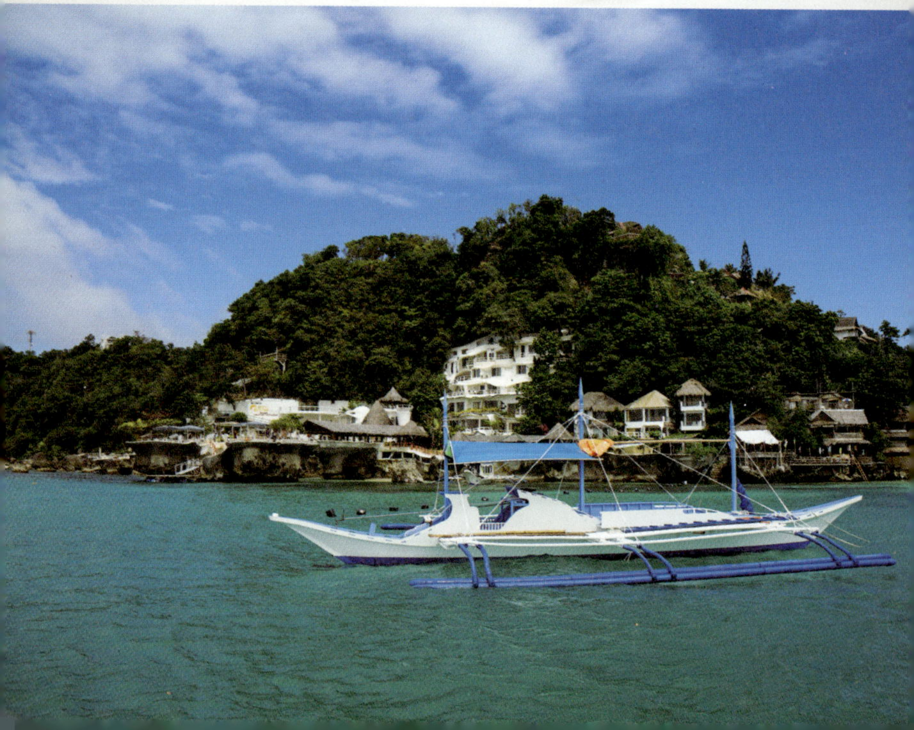

필리핀 전도
Philippines

0 100 200Km

N

필리핀 해
Philippines Sea

바부얀 섬
Babuyan Island

바나훼
Banaue

바기오
Baguio

앙헬레스
Angeles

라왁 Laoag

폴릴로 섬
Polilo Island

미닐라
Manila

따가이 따이 Tagay Tay

바탕가스
Batangas

푸에르토 갈레라
Puerto Galera

민도로
Mindoro

루손
Luzon

수빅
Subic

사마르
Samar

남중국 해
South China Sea

Hello!
Boracay

보라카이 매력 탐구

01 Hello! Boracay
느긋하고 유쾌한 **필리피노**

싱가포르처럼 아예 서구화된 것도 아니고 그렇다고 동양적인 가치를 잘 지켜온 것도 아닌 필리핀의 문화는 종종 그 정체성의 모호함에 대해 비판을 받는다. 하지만 그렇다고 필리핀 사람들에게 다른 민족과 구분되는 고유의 특징이 없다는 의미는 아니다. 오히려 그런 혼돈의 역사 속에서 기존 아시아에서는 찾아보기 힘든 독특한 스타일이 탄생했다. 필리피노, 즉 필리핀 사람의 특징에 대해 하나씩 살펴보자.

노래를 좋아하고 잘한다
택시를 타든, 어디를 가든 음악이 흔하며 세대와 관계없이 누구나 공감할 수 있는 로맨틱한 음악이 많다. 게다가 필리피노는 준비된 가수다. 그들의 뛰어난 노래 실력은 이미 유명하며 필리핀뿐 아니라 우리나라에서도 그들의 공연을 어렵지 않게 볼 수 있다.

바비큐를 좋아한다
필리피노의 바비큐 사랑은 대단하다. 더운 날씨에 숯불 피우는 게 꽤 힘들고 귀찮은 일인데도 그것을 마다하지 않는다. 돼지고기와 닭고기 외에도 다양한 해산물과 실험적인 재료가 숯불 위에 오른다.

느긋하다

필리피노는 서두르는 법이 없다. 오늘 못하면 내일이 있고 내일 못하면 그 다음 날이 있다는 식이다. 한국인이 보기에는 답답할 수도 있지만 필리피노에게 있어서 한국인의 '빨리빨리' 스타일은 이해하기 힘들다.

영어를 잘한다

잘 알려진 것처럼 필리피노는 영어를 잘한다. 미국 드라마를 원어 그대로 보고 듣고 이해할 수 있기 때문에 눈이 높아지기 쉽고, 자신의 열악한 현실과의 괴리감이 커져 상대적 박탈감을 느끼기도 한다.

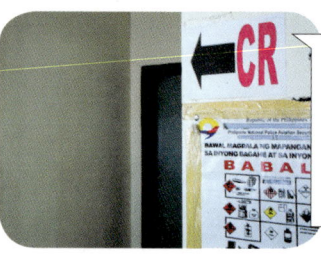

화장실은 CR
필리피노는 화장실을 컴포트 룸 Comfort Room, 줄여서 CR 이라고 부른다. 'toilet'이라는 단어도 사용하지만 CR로 표시하는 곳이 많다.

잘 웃고 사진에 관대하다
필리피노의 웃는 얼굴은 다른 어느 나라 사람 못지않게 아름다워 가히 살인 미소라 부를 만하다. 각박한 삶 속에서도 건강한 웃음과 미소를 잃지 않는 게 신기하다. 게다가 사진에 매우 관대한 편이라 요청하면 훌륭한 모델이 되어주며 오히려 사진을 찍은 사람에게 고맙다고 인사한다.

총기 소지가 허용된다

필리핀에서는 총이 흔하다. 경찰관들의 허리에 찬 총부터 은행 앞이나 쇼핑센터 앞의 경비원들이 들고 있는 장총까지 종류도 다양하다. 처음에는 위압감이 들기도 하지만 자주 보면 이마저도 무감각해진다. 어쨌든 총기를 소지하는 사람이 많다 보니 총기 관련 사고도 많은 편이다. 극단적인 싸움을 벌이면 안 되는 가장 중요한 이유다.

Yes, sir! yes, ma'am!

서비스 업종에 종사하는 필리피노의 입에서 가장 많이 나오는 말 중 하나가 '예 썰'과 '예스 맴'이다. 단순히 예스가 아니라 성별로 존칭을 붙이는 식의 표현은 낯설기도 하지만 들어서 기분 나쁜 말은 아니다. 어릴 때부터 이런 존칭을 붙이는 게 습관화되어 있기 때문에 더 자연스러운 것이 아닐까 싶다.

늘 잔돈이 없다

필리핀에서는 잔돈이 없는 필리피노를 많이 만난다. 그것도 택시 기사나 상점 주인들이 말이다. 한국에서는 상상도 할 수 없는 일이지만 이곳에서는 손님이 잔돈을 미리 준비해서 다녀야 한다. 물론 개중에는 잔돈을 거슬러주지 않으려고 잔돈이 없다고 하는 사람도 있다.

02 Hello! Boracay
천혜의 바다에서 즐기는 **액티비티**

필리핀은 수많은 섬으로 이루어져 있고 환상적인 바다를 품고 있는 자연 환경 덕분에 바다에서 즐길 수 있는 액티비티가 잘 발달되어 있다. 아일랜드 호핑 투어가 대표적인 액티비티이며 스쿠버 다이빙, 해양 스포츠 등도 인기다.

아일랜드 호핑 투어 Island Hopping Tour

보라카이에 온 여행자 대부분이 경험하는 필수 코스로, 주변 섬을 돌아보며 스노클링이나 다이빙, 낚시 등의 액티비티와 점심식사까지 포함된 투어이다. 섬을 옮겨 다니며 적당한 곳에서 배를 세우고 바다로 바로 풍덩 뛰어들어 스노클링을 즐기게 되어 있다. 형형색색의 물고기와 산호초를 직접 보고 느끼며 짜릿한 스노클링의 재미를 만끽할 수 있다. 점심시간에는 필리핀의 주특기인 바비큐로 푸짐한 식사를 하고, 달콤한 열대 과일을 먹는다. 식사 후에는 야자수 밑에서 여유롭게 쉬거나 연인 혹은 가족과 함께 백사장을 맨발로 거닐며 자유로운 시간을 보낸다. 자세한 내용은 본문의 스페셜 페이지를 참고하자(P.154).

스노클링 Snorkeling

바다 표면을 유영하며 입에는 숨을 쉬는 기구인 스노클 snorkel을 연결해 수면 위로 향하게 한 채 바닷속을 체험하는 스포츠다. 초보자들도 자격증이나 특별한 훈련 없이 즐길 수 있어 스쿠버 다이빙보다 가볍게 체험할 수 있다. 호핑 투어 중에 해도 좋고 리조트 앞 해변에서 즐겨도 좋다.

세일링 보트 Sailing Boat

필리핀은 12~30노트(약 23~57km)의 꾸준한 바람과 따뜻한 날씨가 세일링하기에 이상적인 조건을 만들어주기 때문에 세일링 보트를 즐기기 좋다. 제트스키, 스킨 스쿠버처럼 스피드를 즐기는 스포츠와 달리, 요트 위에서 여유롭게 바닷바람을 타고 흔들리는 기분은 또 다른 감동을 준다.

워터 스포츠 Water Sports

제트스키, 바나나 보트, 패러세일링, 플라이 피싱 등은 가장 대중적인 해양 스포츠다. 필리핀에는 각종 해양 스포츠 장비를 쌓아놓고 운영하는 현지인 업체가 많고, 해변을 끼고 있는 리조트에서도 자체적으로 운영한다. 해변 근처에서는 안전 때문에 이런 스포츠를 허용하지 않아, 업체마다 바다에 나무를 이용해 스테이션(한국인을 포함 현지인들은 '발사'라고 부른다)을 만들어두었다. 바다 위의 스테이션이 제트스키가 출발하는 플랫폼이 되는 식으로, 손님을 여기까지 스피드 보트로 실어 나른다. 하늘을 나는 기분을 느낄 수 있는 플라이 피쉬, 헬멧을 쓰고 바닷속으로 들어가는 헬멧 다이빙도 인기를 끄는 액티비티다. 한인 업소에서도 예약할 수 있는데, 흥정해야 하는 현지 업소와 달리 정찰제로 조금 더 안전하게 즐길 수 있다.

주요 해양 스포츠 업체

엔조이 필리핀 cafe.naver.com/njoypp
드보라 보라카이 cafe.naver.com/deboracay
Boracay Island Adventure 036-288-6928

스쿠버 다이빙 Scuba Diving

필리핀에는 전 세계 다이버를 유혹하는 최고의 다이빙 스폿이 포진해 있다. 다이빙을 하지 않는 자는 세상에 반밖에 보지 못한 것이라고 할 정도로 한 번 경험하면 푹 빠지는 매력적인 스포츠다.

필리핀 전 지역에서 전문적인 다이빙 업체를 쉽게 만날 수 있으니, 체계적인 강습 과정을 이수해 다이빙의 세계에 입문하는 것도 특별한 경험이 된다. 수영장에서 4~5회 실습을 하고 바다에서 4회의 실습을 마치면 가장 기본적인 C-카드인 '오픈 워터 라이선스'를 딸 수 있다. 취득 자격증을 딸 수 있는 대표적인 스쿠버 다이빙 단체로는 PADI, NAUI, BASC 등이 있는데 기본적인 틀이 똑같아 어느 단체에서 교육을 받아도 무방하다. 자격증이 없다면 체험 다이빙이라는 프로그램을 이용하자. 누구든 바닷속을 30분~1시간 동안 체험해 볼 수 있다.

주요 다이빙 숍

프리 윌리 Free Willy

2003년 10월 오픈한 다이빙 숍. 보라카이에서 산 지 오래된 프랑스인이 운영한다. 한글 홈페이지를 통해 질문과 예약이 가능하다.

전화 036-288-5313, 288-5337
홈피 freewillydiving.com

칼립소 다이빙 Calypso Diving

보라카이에서 가장 오래된 다이빙 숍. 비교적 넓은 부지 위에 제한 구역 다이빙 연습을 할 수 있는 수영장까지 갖추고 있어 다른 다이빙 숍과 차별화된다.

전화 036-288-3206
홈피 www.calypso-boracay.com

해상 카약 Sea kayak

해상 카약은 필리핀에서는 신종 스포츠이다. 자연을 거스르지 않고 자신의 힘으로 조용히 바다를 가로질러 가는 색다른 재미를 느낄 수 있다. 그만큼 체력이 상당히 소모되는 스포츠이기도 하다. 해변을 접한 대형 리조트에서는 자체적으로 액티비티를 운영하며 현지 여행사를 통해서도 쉽게 카약을 접할 수 있으니 문의해보자.

짚라인

로프에 몸을 맡기고 시원한 바람을 가르며 보라카이 전경을 한눈에 안아보자. 안전하게 장치가 갖추어져 있어 특별한 기술 없이도 누구나 즐길 수 있다. 슈퍼맨 자세로 내려오기 때문에 하늘을 날고 있는 듯한 짜릿한 기분을 경험할 수 있다. 단, 짧은 비행 거리에 비해 다소 높은 가격대가 아쉬운 점.

보라카이 짚라인
위치 루호 산 전망대 근처
오픈 예약 가능 시간 09:00, 10:00, 11:00, 14:00, 15:00, 16:00
요금 성인 US$ 25
홈피 www.njoypp.com, www.boracaydiary.com

ATV와 버기카

ATV란 간단히 말해서 사륜 모터사이클이라고 할 수 있는데 영어로는 'All-Terrain Vehicle'로 어떤 지형에서든 탈 수 있는 차량으로 해석할 수 있다. 버기카 Buggy Car는 버그카 Bug Car라고도 하며 뼈대만 있는 2인용 소형차라고 생각하면 된다. 두 가지 모두 일반 차량과 달리 면허증 없이도 탈 수 있으며 운전만 할 수 있다면 약간의 연습을 통해 충분히 도로 주행을 할 수 있다. 가격은 1인 1000P(1시간) 정도로, 보통 도로 주행에는 필리핀 가이드가 1명 따라붙어 길 안내와 안전을 책임진다. 예전에는 대부분의 도로에서 주행할 수 있었지만 거리에 ATV가 넘쳐나면서 교통체증과 사고 등의 문제가 발생해 이제는 오프로드에서만 주행이 가능하다.

03 Hello! Boracay
다양한 문화를 먹는 **필리핀 음식**

필리핀 음식은 이상하리만큼 잘 알려져 있지 않다. 국가 차원에서 홍보를 게을리 하다 보니 여행자들도 일부 지역에 가서 필리핀 음식보다는 스파게티나 해산물을 주로 먹기 때문이다. 그러나 인지도가 낮다고 해서 필리핀 음식이 별 볼 일 없다는 걸 의미하는 것은 아니다. 필리핀 음식은 태국이나 베트남 음식처럼 화려하지는 않지만 소박하면서 담백한 매력이 있다. 육류와 해산물 등 다양한 재료를 마음껏 즐길 수 있다는 점도 큰 즐거움 중 하나다. 필리핀 음식에 대해 알아보고 조금씩 접근해보자.

필리핀 음식의 특징

❶ 미국의 영향

장기간 스페인과 미국의 통치를 받으면서 다양한 영향을 받아 동양과 서양(유럽과 미국)이 공존하는, 필리핀만의 음식 문화가 생겨났다. 그중에서도 특히 미국에서 전래된 바비큐는 필리핀 사람들의 일상에 중요한 영향을 끼쳤다. 필리피노는 틈만 나면 숯불 위에 각종 고기와 해산물을 올려놓고 바비큐를 즐긴다. 달짝지근한 양념 역시 하와이나 캘리포니아 스타일과 비슷하다.

❷ 스페인의 영향

스페인에서 받은 영향은 더욱 다양하고 근본적이다. 대표적인 필리핀 음식 중 하나인 시니강은 스페인식 수프에 영향을 받은 요리이며 스페인의 해산물 볶음밥 빠에야는 필리핀의 각 지역에 따라 다른 모습으로 정착되었다. 마늘, 사프란, 올리브 오일을 많이 사용하는 스페인의 음식 스타일은 곧 필리핀의 스타일이 되었다. 롱가니사 등 필리핀의 소시지 문화도 초리조라는 스페인식 소시지 문화에서 온 것이다.

❸ 다양한 식재료

섬 국가답게 해산물이 많고 육류도 풍부하며 맛도 좋다. 한국으로 치면 다금바리인 라푸 라푸가 최고의 생선으로 높은 인기를 누린다. 필리핀의 게는 가격도 싸고 맛이 좋아 해산물 식사에 빠지지 않는다. 육류 중에는 닭고기가 가장 큰 사랑을 받으며, 그다음으로 인기 있는 것은 돼지고기다. 필리핀의 돼지고기는 특히 맛이 좋다. 쇠고기는 수입 고기가 아니면 너무 질기다.

밥을 주식으로 하며 반찬 개념의 음식이 있고, 국물 문화가 있다는 점은 한국과 비슷하다. 김치 같은 기본 반찬은 없지만 식초와 칼라만시(라임)에 재운 날생선이나 쥐똥고추, 양파가 비슷한 역할을 한다. 빵이나 케이크도 주식의 일부라 할 수 있을 정도로 비중이 높다.

칼라만시를 많이 사용하는 것도 중요한 특징이다. 칼라만시는 거의 모든 음식에 들어간다고 할 수 있으며, 아플 때 약으로도 사용하는 중요한 채소다. 시큼하고 상쾌한 맛이 입맛을 돋우는 데 그만이다.

대표 먹거리

불랄로 Bulalo

소뼈를 채소와 함께 푹 끓인 음식. 모양과 국물 맛이 갈비탕과 비슷해 우리 입맛에도 잘 맞는다.

카레카레 Kare-Kare

카레 맛이 나며 국처럼 약간 묽은 것이 특징이다. 소꼬리뼈나 돼지고기, 닭고기 등을 땅콩 소스, 채소와 함께 뭉근히 끓인 음식.

크리스피 빠따 Crispy Pata

돼지족을 기름에 바삭바삭하게 튀긴 것. 간장과 마늘 소스에 찍어 먹는다. 우리나라의 족발과 맛이 비슷한데, 껍질이 조금 더 바삭하고 달콤하다.

감바스 Gambas

새우와 함께 토마토소스에 양파, 양송이 등 채소를 넣고 철판 위에서 볶아 요리한 것. 달짝지근하면서도 매콤한 맛이 술안주로 그만이다.

부코 파이 Buko Pie

코코넛 안쪽의 흰 과육을 넣어 만든 파이. 필리피노들이 가장 즐겨 먹는 국민 간식이다.

룸피아 Lumpia

얇은 밀전병에 다진 고기와 채소를 넣고 기름에 튀겨낸 필리핀식 튀김만두. 스프링 롤과 비슷한 맛으로 부담 없이 먹기 좋다.

디누구안 Dinuguan

돼지 피를 마늘과 칠리, 식초와 끓인 선짓국 같은 음식. 매콤하고 신맛이 나는 것이 특징이다.

비빙카 Bibingka

쌀가루와 코코넛 밀크, 치즈, 달걀로 만든 달콤한 맛의 떡. 필리핀식 팬케이크로, 크리스마스에 만들어 먹는 전통 음식이다.

롱가니사 Longanisa

필리피노들의 입맛에 맞게 만든 돼지고기 소시지로, 일반 소시지보다 달짝지근하고 기름기가 많은 것이 특징이다.

시니강 Sinigang

태국의 대표 요리인 톰얌쿵과 비슷한 신맛이 나는 탕 종류의 음식으로, 육류나 해산물과 함께 채소를 많이 넣는다. 한국인의 입맛에 비교적 잘 맞는다.

팬싯 Pansit

쌀국수 등을 채소와 볶아 만든 면 요리로, 전통 음식이라기보다는 중국 스타일에 가깝다. 아침 뷔페 메뉴에 주로 나오며 한국인에게도 친근한 맛이다.

아도보 Adobo

시니강과 함께 대표적인 필리핀 음식. 식초, 마늘, 간장, 설탕 등으로 양념해 졸인 볶음 요리다. 양념이 우리나라의 불고기 양념과 비슷하다.

따호 Taho

뜨끈한 순두부 위에 검은색 소스를 뿌리고 개구리 알처럼 생긴 알맹이를 얹어 먹는 전통 음식이다. 아침 식사 대용이나 해장용으로 인기다.

발룻 Balut

수정은 되었지만 부화되지 않은 오리 알을 17일간 인큐베이터에 두었다가 삶은 것. 필리피노는 발룻이 정력에 좋고 최음 효과를 낸다고 믿는다.

레촌 바보이 Lechon Baboy

어린 돼지를 통째로 숯불에 구워 먹는 전통적인 명절 음식으로 겉은 바삭하고 육질은 부드러운 것이 특징이다. 모양은 부담스럽지만 맛은 괜찮은 편이다.

사핀 사핀 Sapin Sapin

우리나라의 떡과 비슷한 필리핀식 디저트로, 쌀가루와 코코넛 밀크를 넣어 부드럽고 달콤하다. 사핀 Sapin은 층을 쌓는다는 뜻이다.

할로 할로 Halo Halo

이것저것 섞는다는 뜻의 음식으로 우리나라 팥빙수와 비슷하다. 필리핀 특유의 우베 잼에 얼음을 갈아 넣고 딸기, 체리, 젤리 등을 섞어 만든다.

바비큐 문화 탐구

필리핀 음식의 가장 큰 특징은 장기간 필리핀을 지배한 스페인과 미국의 영향을 많이 받았다는 것이다. 필리피노의 유별난 바비큐 사랑도 미국 문화의 일부라고 할 수 있다.

하지만 외국에서 전파된 다른 음식들이 그러하듯 필리피노들은 미국식 바비큐를 자신들의 입맛에 맞추려고 노력했고, 지금은 동양과 서양의 스타일이 조화를 이루는 하나의 독립적인 음식 문화로 자리 잡았다.

숯불 위에서 다양한 재료를 굽는 음식 문화는 다른 동남아 국가에서도 볼 수 있지만, 필리핀은 유별난 면이 있다. 바비큐 음식을 전문으로 하는 음식점이 눈에 띄게 많고, 심지어 안독스 같은 패스트푸드점에서조차 즉석에서 숯불에 통닭을 구워줄 정도다. 숯불 위에서 피어오르는 연기와 달착지근한 냄새는 필리핀의 일부라 할 만큼 자연스러운 풍경이다.

필리핀 바비큐의 특징은 우선 다양한 재료를 사용한다는 것이다. 닭고기, 돼지고기, 쇠고기 등이 주를 이루긴 하지만 각종 해산물이나 실험적인 재료까지도 숯불에 올린다. 바비큐 식당에 가보면 그 재료의 다양함에 놀라게 된다.

양념을 많이 사용한다는 점도 중요한 특징이다. 미국의 바비큐는 기본적으로 재료 그대로의 맛을 살리는 것을 좋아하는 반면 필리핀의 바비큐는 달착지근한 간장 양념을 많이 사용한다. 그래서 미국 중에서도 하와이의 바비큐와 비슷한 면이 있다.

보통 호핑 투어를 신청하면 일정 중 섬에서의 바비큐 점심이 포함되어 있기도 하지만 보라카이 여행 중 바비큐를 즐기기 가장 쉬운 곳이 해변이다. 화이트 비치를 따라 바비큐 전문 식당가들이 있고, 대형 호텔에서 운영하는 어지간한 뷔페 레스토랑에도 바비큐 섹션을 가지고 있다.

04 Hello! Boracay
싸고 신선한 **해산물 맛보기**

섬 국가의 특성상 해산물은 필리핀에서 빼놓을 수 없는 식재료다. 다양한 해산물을 싸고 맛있게 즐길 수 있다는 건 필리핀 여행의 하이라이트 중 하나다. 해산물에 대한 정보가 중요한 것도 그 때문이다.

무엇을 먹을까?

필리핀에서 먹을 수 있는 해산물의 종류는 너무 다양해 다 설명하지 못할 정도다. 가장 중요하다고 생각되는 해산물을 정리해본다.

라푸 라푸

제주도에서 1kg당 20만 원은 주어야 먹을 수 있는 고급 어종이지만, 동남아에는 흔하다. 맛은 좀 덜하지만 쫄깃쫄깃한 식감 덕분에 필리핀에서도 최고의 해산물로 꼽힌다. 시장에선 살아 있는 것이 1kg당 800~1000P, 죽은 것은 200~500P 정도다. 붉은색과 검은색 두 종류가 있는데 보통 검은색을 더 좋은 것으로 친다. 먹는 방법도 다양한데 중국식으로 굴 소스나 간장 소스를 넣고 쪄서 파와 생강을 올려 먹는 것이 가장 일반적이다. 그 외에 튀겨서 달콤하고 매운 소스를 올려 먹기도 하고, 회로 먹는 것도 인기. 어떻게 먹어도 맛이 좋다. 가격이 좀 비싸도 살아 있는 것을 먹기를 적극 추천한다.

게

꽃게도 있지만 역시 대세는 껍데기가 두꺼운 바닷게. 보통 검은색이지만 찌면 붉은색으로 변한다. 필리핀의 게는 살이 탱글탱글하고 달콤해 최고의 맛을 낸다. 호핑 투어나 해산물 식사에 게 요리가 중심이 되는 것도 그 때문. 다양한 소스를 이용해 요리하는데, 게는 칠리 소스와 함께 볶는 칠리 크랩 스타일이 가장 인기다. 양념 없이 쪄도 원재료의 맛을 느낄 수 있어 좋다.

새우

라푸 라푸와 게의 인기 때문인지 새우는 그 포스가 약해 보인다. 민물새우는 거의 보기 드물고 바다새우가 대부분. 크기에 따라 가격이 달라진다. 보통 호핑 투어에서는 꼬챙이를 꽂아 숯불 위에 구워 먹는다.

오징어

우리나라 오징어보다 더 쫄깃한 식감으로 별미니 꼭 먹어보자. 꼬챙이에 꿰어 바비큐하기도 하고 필리핀 전통 소스와 함께 뜨거운 철판에 구워 먹기도 한다. 시원하게 맥주를 한 잔 하고 싶을 때는 튀김으로 주문해서 먹어도 그만이다.

조개

필리핀에는 다양한 조개가 있다. 가장 인기는 백합 같은 조개로 만든 럭셔리한 조개탕. 그 다음으로는 갈릭 버터 소스로 구운 조개구이가 있으며 사이즈가 작은 모시조개는 소스와 함께 볶아 먹으면 맛있다. 꼬막은 눈에 잘 띄진 않지만 크고 맛있다. 홍합은 매우 흔하며 마늘과 함께 볶은 것이 인기다.

랍스터

한국 여행자들이 가장 관심을 갖는 해산물이지만 가격이 비싸 망설이게 된다. 시장에서 사도 죽은 것이 1kg에 1500P를 넘고, 살아 있는 것은 2배 가까이 비싸다. 그래도 한국에서 먹는 것보다는 저렴하니 도전해보는 것도 나쁘지 않다. 버터와 함께 굽기도 하고 칠리 소스를 사용하기도 하며, 회도 인기다.

기타 생선

라푸 라푸 외에 인기 있는 생선은 도미와 농어 종류다. 어종이 다양하고 라푸 라푸보다 저렴하다. 참치도 인기가 높은데, 바비큐 코너에서 튜나 벨리는 빠지지 않는 메뉴다.

어디서 먹을까?

당연한 얘기지만 장소 선택에 따라 가격, 맛, 신선도에서 차이가 난다. 우선 고급 호텔이나 리조트의 전문 시푸드 레스토랑이 최고봉에 있다. 가격도 비싸지만 추가되는 요금이 많아 생각보다 늘 더 나온다. 바닷가 쪽의 전문 해산물 식당이 그 뒤를 따르는데 일회성 방문이 대부분인 관광객 대상이므로 가격이 높을 수밖에 없다. 한국 여행사의 작업(?)으로 원래 가격에 거품이 끼기도 한다.

현지인들이 자주 찾는 해산물 식당이 가격은 훨씬 저렴하고 맛도 좋다. 입구에 수족관이 있으면 살아 있는 것을 취급한다는 뜻이다. 중국 식당 중에도 해산물을 전문으로 하는 곳이 많다.

가장 저렴하게 해산물을 먹는 방법은 해산물 시장에 가서 재료를 직접 사는 것이다. 모든 시장이 그런 건 아니지만 유명 시장 옆에는 조리비를 받고 재료를 요리해주고 술과 음료를 파는 식당이 있다. 종류가 많으면 조리비가 꽤 나오지만 그래도 일반 해산물 식당을 이용하는 것보다는 저렴하고 재미있다. 그러나 자주 이용하기에는 과정이 복잡하고 피곤한 면도 있다.

식당의 수준과 상관없이 가장 신선한 해산물을 맛보고 싶다면 수족관이 있는 곳을 찾아야 하며, 살아 있는 것을 시키는 게 가장 중요한 포인트다.

추천 해산물 식당

❶ 디 탈리파파 시장(P.131)

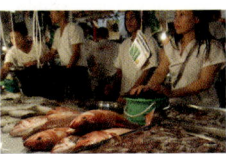

'보라카이의 해산물' 하면 가장 먼저 떠오르는 곳이 바로 이 로컬 해산물 시장이다. 화이트 비치 남쪽 E몰 근처에 형성되어 있는데, 재래시장에서 직접 해산물을 흥정해 구매해 주변 식당에 가져다주면 쿠킹 차지를 받고 요리해주는 시스템이다. 예전에 비해 가격 메리트도 떨어지고 조금 정신없는 느낌이지만, 특유의 활기찬 분위기를 즐기는 이들은 여전히 많다.

❷ 해룡왕(P.132)

E몰 근처에 있는 해산물 전문식당으로 인심 좋은 한국인 부부가 운영한다. 한국인이 운영하는 만큼 요리도 취향에 딱 맞고 위생상으로도 안심할 수 있다. 특히 피곤한 흥정이나 바가지에 대한 부담도 없어 한국 여행자들이 자주 찾는 곳이다. 인원수에 따른 세트 메뉴도 있어 비교적 합리적인 가격에 푸짐하게 해산물을 즐길 수 있다.

> **TIP 해산물 요리, 실속 있고 맛있게 즐기려면?**
>
> 해산물 요리 중 가장 비싼 것은 단연 랍스터다. 랍스터만 아니라면 사실 무엇을 먹어도 살인적인 요금은 나오지 않는다. 적당한 가격대에서 먹고 싶다면 게나 라푸 라푸 중 하나를 메인으로 하는 것이 좋다. 둘 다 메인으로 하는 투톱도 나쁘진 않지만 집중도를 흐트러뜨려 만족도를 떨어뜨릴 수 있다. 오징어 요리와 조개 수프도 곁들이면 좋다. 여기에 림포(삼겹살)나 기타 육류의 바비큐, 마늘밥 정도를 시키면 멋진 구성이 된다. 그리고 모든 해산물을 양념으로 하지 않는 것이 좋다. 만약 게 요리를 양념으로 했다면 새우나 오징어를 바비큐로 하는 등 두 가지를 섞는 것이 더 맛있다.

05 Hello! Boracay
세계적 수준의 **체인 레스토랑**

필리피노들의 패스트푸드 이용률은 세계적인 수준이며 외국 브랜드보다는 자국 브랜드를 선호하는 경향이 강하다. 필리핀의 맥도날드라고 할 수 있는 졸리비 Jollibee는 외국에도 진출할 만큼 큰 사랑을 받는 국민 프랜차이즈다. 차우킹 Chowking은 중국과 필리핀 음식을 함께 취급하는 패스트푸드점으로 인기를 끌고 있다.

맥스 Max's
여타 프랜차이즈 레스토랑과는 달리 비교적 고급스러운 패밀리 레스토랑. 메뉴 중 대부분이 퓨전 닭 요리와 필리핀 전통 음식으로 구성되어 있다. 일정 수준 이상의 필리핀 전통 음식을 맛보고 싶다면 추천.

옐로 캡 Yellow Cap
필리핀 넘버원 피자 프랜차이즈. 맛도 맛이지만 자동차 바퀴와 맞먹는 크기의 패밀리 사이즈를 한화 1만 원에 즐길 수 있다. 대형 쇼핑몰이나 번화가에서 노란색 간판을 쉽게 발견할 수 있다.

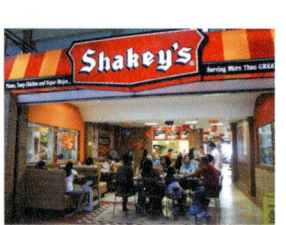

샤키스 Shakey's
필리핀에서 잘나가는 피자 프랜차이즈 3개를 꼽는다면 옐로 캡, 피자헛과 샤키스를 꼽을 수 있다. 샤키스는 피자 외에도 파스타, 치킨 등 이탈리아 음식을 주메뉴로 한다.

안독스 Andok's
세계적인 치킨 브랜드 KFC에 버금가는 맛으로 큰 인기를 누리고 있는 치킨 전문 프랜차이즈. 24시간 영업하며 프라이드 치킨 외에 즉석에서 구워내는 바비큐 치킨도 일품이다.

졸리비 Jollibee

필리피노의 입맛에 맞게 개발한 메뉴와 저렴한 가격으로 맥도날드의 아성을 무너뜨린 국민 프랜차이즈. 다양한 세트 메뉴가 있는데, 특히 치킨이 맛있다.

차우킹 Chowking

중국식 퓨전 패스트푸드. 면 요리와 딤섬 등도 맛있지만 시원하고 달콤한 필리핀식 팥빙수 할로 할로도 인기만점 메뉴다.

라이라이 켄 Rai-rai Ken

라멘, 덮밥, 튀김 등을 판매하는 일식 프랜차이즈로, 가격은 비교적 비싼 편이다. 늦은 시간까지 영업하기 때문에 술 한잔하고 라멘으로 속을 풀기에 제격이다.

망 이나살 Mang Inasal

단돈 99P에 바비큐와 밥이 나오는 세트 메뉴로 인기를 끌고 있는 체인점이다. 바비큐는 치킨, 돼지고기 꼬치 등 간단한 메뉴로 구성되어 있고 밥은 무한 리필이라 주머니 가벼운 여행자에게 제격이다.

보스 커피 Bo's Coffee

필리핀에서 가장 사랑받는 대표적인 커피 체인점. 마닐라를 비롯한 전 지역에 수많은 지점을 운영하며 인기 쇼핑몰 내에는 어김없이 입점되어 있다. 에스프레소부터 다양한 커피 메뉴와 디저트를 갖추었다. 분위기나 커피 맛 또한 세계적인 커피 체인과 비교해도 뒤지지 않는다.

06 Hello! Boracay
열대 과일의 **천국**

보라카이는 열대 과일의 천국으로 한국에서는 귀하디귀한 열대 과일이 지천이고 값도 싸다. 사람 사는 곳이면 어디나 과일 가게가 있으며, 길거리 리어카에서 과일을 먹기 좋게 잘라 팔기도 한다. 열대 과일을 사랑하는 사람이라면 과도 한 개쯤은 갖고 다니는 센스(과도는 현지 슈퍼마켓에서도 쉽게 살 수 있다)는 필수다.

망고 Mango

필리핀의 대표 과일로 과즙이 많고 단맛이 강하다. 3월부터 8월이 제철이다.

바나나 Banana

한국에서 흔히 볼 수 있는 커다란 바나나 대신 몽키 바나나라는 조그만 바나나를 먹는데, 달고 맛있다.

수박 Watermelon

수박의 인기는 한국 못지않다. 시원함 때문에 더울 때 특히 많이 먹으며 주스로도 즐겨 마신다.

파인애플 Pineapple

필리핀의 파인애플은 맛있기로 유명하다. 신맛보다 단맛이 강해 달콤하고 시원하다.

코코넛 Coconut

동남아시아 요리의 재료로 흔히 쓰이는 코코넛은 사실 음료라고 부르는 것이 더 적당할지도 모르겠다. 커다란 칼로 머리 부분에 구멍을 낸 후 빨대를 꽂아 마시면 순식간에 갈증이 달아난다. 시원하게 해서 마시면 더 맛있다. 숟가락으로 안쪽에 붙어 있는 하얀 과육도 파먹을 수 있는데, 이 하얀 부분이 코코넛 오일과 코코넛 밀크의 재료다. 1년 내내 흔히 볼 수 있으며, 부코 Buko라고도 부른다.

망고스틴 Mangosteen

망고스틴은 대표적인 열대 과일로 한국인에게 가장 인기가 높다. 한국의 밀감 정도 크기에 색깔은 자주색이고 꼭지 부분은 녹색으로 예쁘게 생겼다. 껍질은 꽤 두꺼운데 손바닥으로 양쪽을 누른 후 손으로 껍질을 까면 마늘쪽같이 생긴 과육이 나온다. 섬유질로 이루어진 흰 과육은 단맛이 강해 맛있다. 소화기관에 좋기까지 하니 빼놓지 말고 맛보자. 5월부터 8월 정도가 제철이다.

파파야 Papaya

콜럼버스가 처음 맛본 후 '천사의 열매'라는 표현을 썼을 만큼 향기롭고 맛있는 과일이다. 디저트용 과일로 인기가 높으며, 호텔이나 리조트의 아침 뷔페에 자주 나온다. 잘 익은 파파야는 멜론과 비슷한 느낌의 맛과 향이 난다. 익은 상태에 따라 색이 다른데, 보통 과육이 노란색이나 주황색을 띠면 잘 익은 것이다. 또한, 아직 숙성되지 않은 녹색 파파야는 절임반찬으로도 먹는다.

두리안 Durian

'과일의 왕'이라는 별명이 있는 두리안은 추종자와 혐오자가 명확하게 나뉘는 과일이다. 혐오자를 만드는 첫 번째 이유는 독특한 냄새 때문인데 호텔이나 대중교통 등에서는 두리안의 반입을 금지할 정도다. 가시로 겉을 장식한 미식축구공처럼 생겼는데, 껍질을 벗기면 감자나 마시멜로처럼 생긴 흰 과육이 드러난다. 열량이 엄청나 술과 함께 먹는 것은 위험하다.

Hello! Boracay
득템 찬스! 인기 쇼핑 아이템

필리핀은 쇼핑에도 좋은 조건을 갖추었다. 특히, 보라카이 디 몰은 다양한 상점이 모여있는 야외 종합 쇼핑몰이다. 쇼핑 품목 또한 다양하다. 의류나 패션 잡화 등 트렌디한 제품부터 기념품, 말린 망고, 인테리어 소품까지 다양한 쇼핑을 즐길 수 있다. 특히나 말린 망고는 빼놓을 수 없는 인기 품목으로 간식거리로도, 지인들을 위한 선물로도 그만이다. 인도네시아나 태국에 비하면 수공예품의 종류가 적고 품질은 떨어지지만 라탄 Rattan 제품이나 목각 제품 중에서 건질 만한 것들도 많다. 쿨투라 Kultura라는 매장은 대표적인 필리핀 수공예품 전문 편집 매장으로, 대형 쇼핑몰에 자리 잡고 있다.

슈퍼마켓 쇼핑 아이템

해외여행에서 색다른 즐거움을 느낄 수 있는 것이 바로 슈퍼마켓 쇼핑. 특히 필리핀은 저렴한 물가 덕분에 알뜰한 가격에 호기심을 자극하는 필리핀의 간식·식재료·생필품 등을 살 수 있다. 필리핀의 슈퍼마켓에서 사 볼만한 인기 아이템을 소개한다.

7D 망고
7D Mango

오랫동안 여행자들 사이에서 꾸준히 사랑받고 있는 베스트셀러 아이템. 달콤한 망고를 말려서 간식으로 먹기 좋다.

버진 코코넛 오일
Virgin Coconut Oil

건조한 피부에 탁월한 보습효과에 뛰어나며 최근 다이어트에도 효능이 좋다고 하여 인기가 많다.

탕
TANG

탕이라는 브랜드에서 나오는 분말로 망고, 딸기, 파인애플 등의 종류가 있다. 물에 타면 달콤한 열대과일 음료를 즐길 수 있다.

조비스 칩
JOVY'S Banana Chips

여행자들 사이에서 마성의 바나나 칩으로 유명한 제품으로 달짝지근한 맛과 바삭한 맛이 자꾸만 손이 가는 중독성 짙은 간식이다.

오이시 스펀지 크런치
Oishi Sponge Crunch

모카치노, 초코, 치즈 등의 맛이 있는데 그 중에서도 초코가 인기. 바삭한 식감과 진한 초코 향이 특징이며 간식으로 제격이다.

릴리 코코 잼
Lilys Coco Jam

필리핀 전통 방법으로 만들어진 코코넛으로 만든 잼. 달콤하고 부드러운 맛이 특징으로 빵에 발라서 간편하게 즐길 수 있다.

칼라만시 퓨레
Calamansi Puree

라임의 일종으로 풍부한 비타민 C와 시네후린이라는 지방연소에 효과적인 성분이 있어 디톡스 아이템으로도 인기가 높다.

GT 비누
GT soap

다양한 천연재료를 사용해 만든 비누. 순한 성분으로 만들어졌고 안티에이징과 화이트닝에 효과가 있다고 알려져 인기가 많다.

노니 비누
Noni Soap

여행자들에게 특히 인기가 많은 비누로 노니 열매를 사용해 만들어진다. 피부 트러블 완화에 효과가 좋다고 한다.

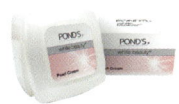

폰즈 진주 크림
Pond's Pearl Cream

진주 성분이 들어가 있어 화이트닝에 효과가 좋다고 알려져 입소문을 타고 인기 아이템으로 자리 잡았다.

초코 무쵸
Choco Mucho

진한 초코, 캐러멜 맛과 크런치한 바삭함이 특징인 초코바. 마니아 층이 형성될 정도로 인기가 높다.

망고 퓨레
Mango Puree

망고를 으깨 만들어진 것으로 물이나 우유에 타서 셰이크로 만들어 먹는다.

내 맘대로 뽑은 **바나나칩 베스트 3**

필리핀 인기 쇼핑 리스트에 당당히 손꼽히는 바나나칩! 사실 비싸거나 특별한 아이템은 아니지만 부담 없는 가격에 누구라도 좋아할 달달함을 무기로 여행자들을 유혹한다. 중심가의 상점 등을 지나다 보면 수많은 바나나칩이 눈에 띄는데, 어떤 브랜드로 사야 할까?

조비스 바나나칩

수많은 바나나칩 중 부동의 1위 브랜드. 어찌 보면 바나나칩의 인기몰이는 조비스에서부터 시작했다고 해도 과언이 아니다. 가장 눈에 잘 띄고 가장 쉽게 구매할 수 있으며, 달콤한 맛을 즐기는 여행자들에게 특히 인기가 있다. 동그란 형태로 잘려져 있는 조비스 바나나칩은 두껍고 표면이 당 처리가 되어 달콤한 맛이 강한 것이 특징이다.

아울 바나나칩

엔조이 필리핀 여행사 등 일부 장소에서 구매할 수 있다. 용량도 적고 가격도 부담 없는 데다 패키지도 귀여워 선물용으로 인기가 좋다. 조비스보다 훨씬 얇은 단면으로, 단맛이 적고 바삭한 식감이 특징이다.

아티즈 보라카이 크런치 바나나칩

디몰 내의 상점들에서 쉽게 구매할 수 있다. 길쭉하게 썰린 형태로 타 브랜드와 비교하여 단맛은 적고, 두께는 중간 정도, 바나나 향은 더 강하게 느껴진다. 젊은 여행자들보다는 다소 나이 있는 분들이 선호한다는 평도 있다.

08 Hello! Boracay
현지인들이 즐기는 술

필리핀의 대표적인 술, 산 미구엘은 전 세계적으로도 잘 알려진 맥주로 저렴한 가격과 탁월한 맛으로 인기가 높다. 현지인들은 럼주, 탄두아이를 얼음이나 콜라 등과 섞어서 온더록으로 즐겨 마시기도 한다.

산 미구엘 San Miguel

필리핀에서뿐만 아니라 세계적으로 유명세를 떨치고 있는 산 미구엘. 스페인 맥주로 알고 있는 사람도 있는데 역사가 100여 년이나 되는 필리핀 맥주이다. 스페인이 필리핀을 점령했을 때 제조 방법을 전수받아 탄생했지만, 지금은 오히려 스페인을 비롯한 전 세계로 수출하는 필리핀 최고의 술이자 효자 수출 품목이다. 필리핀 현지에 가면 오리지널 산 미구엘뿐만 아니라 라이트와 스트롱 아이스, 슈퍼 드라이 등 국내에서는 보기 힘든 다양한 산 미구엘 맥주를 맛볼 수 있다.

레드 홀스 Red Horse

산 미구엘에 밀려 빛을 발하지 못하는 필리핀 맥주. 병 모양이 투박하며 시큼 떨떠름한 레드 홀스 특유의 맛이 난다. 가격이 저렴해 주로 서민들이 즐겨 마신다. 산 미구엘이 조금 지겨워졌거나 좀 더 독특한 맥주를 마시고 싶다면 권한다.

탄두아이 Tanduay

세계에서 가장 저렴한 럼주로 소문난 탄두아이는 필리피노에게 상당한 인기를 누리고 있다. 스트레이트보다 얼음이나 콜라, 사이다와 섞어서 온더록으로 마시는 것이 보통이다. 싼 것은 150P부터 비싼 것은 2000P까지 종류가 다양하다. 가격에 비해 맛과 향이 좋은 편으로 양주를 좋아하는 사람이라면 귀국 시 여러 병의 탄두아이를 가지고 어떻게 세관을 통과할지 고민하게 될지도 모른다. 최근에는 탄두아이를 믹스 칵테일처럼 즐길 수 있도록 한 탄두아이 아이스가 인기다.

09 Hello! Boracay
스파 & 마사지로 **릴랙스 타임**

보라카이에서 스파와 마사지는 빼놓을 수 없는 즐길 거리로 디몰과 화이트 비치 곳곳에서 쉽게 발견할 수 있다. 우리 돈 만 원 남짓에 받을 수 있는 저렴한 마사지부터 호화로운 스파까지 폭넓게 갖추고 있어 예산과 취향에 맞게 고를 수 있다.

필리핀 스파 & 마사지의 특징

여러 국가의 문화가 섞인 만큼 필리핀의 스파와 마사지도 다양한 스타일로 발전해왔다. 필리핀에서 접할 수 있는 스파 & 마사지의 종류를 소개한다.

스웨디시 Swedish
가장 보편적이면서 인기가 높은 마사지로 누르는 힘이 강한 것이 특징이다. 오일을 이용해서 더욱 릴랙스한 마사지를 받을 수 있다.

시아추 Shiatsu
일본에서 시작된 테라피로 강한 지압을 이용해서 신체 부위를 누른다. 혈액순환을 돕고 근육 이완에도 효과적이다.

리플렉솔로지 Reflexology
손과 발, 귀에 분포한 신체 반사 부위를 자극해 혈액순환에 효과적인 마사지다.

타이 Thai
태국식 마사지를 뜻하며 다양한 방법으로 스트레칭하듯이 압력을 가해 근육을 이완시키고 혈액순환을 활발하게 만들어준다.

풋 스파 Foot Spa
풋 스파는 필리핀에서 주로 볼 수 있는 메뉴로, 풋 마사지에 발바닥의 각질을 벗겨주는 스크럽 등의 서비스가 포함된 것이다.

아유르베딕 Ayurvedic
인도의 전승의학에서 기원한 마사지. 허브를 이용해 신체를 릴랙스하게 만들며 치유해준다.

지역별 추천 스파 & 마사지

❶ 디 몰
림 스파(P.92) : 디 몰에서 가까워 접근성이 좋고 좋은 재료를 이용한 스파를 제대로 즐길 수 있다.

❷ 화이트 비치 북쪽
칸 스파(P.110) : 화이트 비치와 인접하며 합리적인 가격에 마사지를 받을 수 있다.

❸ 화이트 비치 남쪽
라바 스톤 마사지(P.143) : 규모가 크고 분위기도 좋으며 한국인이 좋아하는 압이 센 마사지가 강점이다.

> **TIP** 스파 & 마사지 이용 팁
> - 호텔 스파나 인기 스파는 반드시 예약해야 한다. 예약 시 픽업이나 드롭을 제공하는 곳도 있으니 체크해보자.
> - 고급 스파나 호텔 내 시설은 세금과 봉사료가 추가로 붙는 것이 일반적이다.
> - 스파에는 여러 가지 메뉴를 합한 패키지 상품이 있다. 단품으로 하는 것보다 만족도 높은 상품이 많으니 잘 살펴보자.
> - 마사지는 시설보다는 안마사의 실력에 따라 만족도가 달라진다. 마음에 드는 안마사를 발견하면 여행 기간 중 단골로 잡으면 좋다.
> - 마사지를 받기 전 강약에 대해 대화를 하는 것도 좋다. 마사지를 세게 하는 것이 좋다면 "Strong massage please"라고 요청한다.

10 Hello! Boracay
직접 묵어보고 추천하는 **숙소**

여행의 시작은 숙소 선정에서 시작된다. 이 호텔이 위치가 좋은지, 객실 상태는 어떤지, 진짜로 사진만큼 시설이 좋은지, 두 저자가 직접 묵어보고 추천한 각 지역 추천 숙소 모음을 참고해보자. 철저하게 주관적인 평가에 의한 것이니 절대적인 의존은 금물. 위치, 객실, 부대시설, 서비스는 별 5개가 가장 높은 평점이며 객실 가격은 별 5개가 가장 비싼 것이다.

샹그릴라 보라카이 Shangri-La's Boracay P.172

말이 필요 없는 최고급 브랜드 샹그릴라 보라카이. 상태 좋은 객실과 부대시설, 세련된 서비스가 무기다. 무료 셔틀버스가 있지만 디 몰과 멀리 떨어져 있고, 입이 떡 벌어질 만큼 비싼 숙박비가 흠이라면 흠이다. 그러나 누구나 꿈의 숙소로 꼽는 보라카이 최고의 호텔이라 할 수 있다.

위치 ★★   객실 ★★★★★   부대시설 ★★★★★   서비스 ★★★★★   가격 ★★★★★

아스토리아 Astoria P.117

상큼하고 모던한 객실, 해변과 접하고 있다는 점이 최대 강점이다. 서비스도 객실도 부대시설도 그럭저럭 합격점을 줄 만하다. 디 몰에서 살짝 떨어져 있어 걷기에 다소 부담된다는 점과 비슷한 위치의 다른 숙소보다 숙박비가 살짝 비싸다는 점이 마이너스.

위치 ★★★★   객실 ★★★★   부대시설 ★★★★   서비스 ★★★★   가격 ★★★★

더 린드 The Lind P.112

최근 오픈해 객실 상태와 서비스 수준이 훌륭하다. 감각 있는 인테리어에 인피니티 풀, 유선형 풀 등 부대시설도 훌륭한 편.

위치 ★★★　객실 ★★★★★　부대시설 ★★★★　서비스 ★★★★　가격 ★★★★

시 윈드 리조트 Sea Wind Resort P.113

상태 좋은 화이트 비치를 코앞에 두고 있다는 점과 과하지도 모자라지도 않은 친숙한 서비스, 트로피컬한 객실 분위기가 장점. 오래되어 반짝이는 느낌이 없고 조식이 부실하다는 점이 아쉽다.

위치 ★★★★　객실 ★★★　부대시설 ★★★　서비스 ★★★★　가격 ★★★

타이드 The Tide P.94

디 몰 중심에 떡 하니 자리 잡고 있다는 점이 최고의 장점이자 단점이다. 편리한 위치에 있으나 다소 소란스럽고 위치적인 장점으로 객실 비용이 높게 책정되었다는 느낌을 지울 수 없다.

위치 ★★★★★　객실 ★★★　부대시설 ★★★　서비스 ★★★★　가격 ★★★

코스트 Coast P.146

거의 유일하다시피 한 비치 프론트 리조트로 객실에서의 뷰가 없다는 것이 아쉬울 뿐, 룸 상태나 서비스 등은 훌륭하다.

위치 ★★★★★　객실 ★★★★　부대시설 ★★★　서비스 ★★★★　가격 ★★★★

11 Hello! Boracay
보라카이에서 이것만은 꼭! **버킷리스트**

- 디 몰 지칠 때까지 걸어보기
- 시장에서 해산물 사서 근처 식당에서 먹기
- 화이트 비치 모래성 배경으로 사진 찍기
- 팔라우 세일링하기

■ 럭셔리 스파 체험하기
■ 루호 산 전망대에서 멋진 절경 감상하기

■ 바나나칩 골라가며 맛보기
■ 온종일 호핑 투어 즐기기

화이트 비치에서 해변 마사지받기
짚라인 타고 짜릿한 절경 만끽하기

디 몰에서 액세서리, 비치웨어 쇼핑하기
어둑어둑한 해변 바에서 맥주 마시기

디니위드 해변으로 비치 트립 떠나기
망고 셰이크 원 없이 마셔보기
해변 일몰 넋 놓고 바라보기
다양한 재료의 바비큐 맛보기

12 Hello! Boracay
베스트 **여행 코스**

바다가 아름답기로 전 세계를 통틀어 다섯 손가락 안에 꼽히는 보라카이. 사실 눈부신 백사장과 에메랄드빛 바다를 앞에 두면 하루 종일 무얼 하든 상관없이 행복할 테지만 빡빡한 스케줄에 어렵게 온 여행인 만큼 실패 확률이 적은 모범 코스를 제안한다.

보라카이 클래식 3박 5일

DAY 1

12:00	보라카이 도착 후 숙소 이동
셔틀버스	
15:00	디 몰 구경
도보 3분	
17:00	하와이안 바비큐에서 식사
도보 4분	
18:00	화이트 비치 일몰 구경
도보 3분	
19:00	버짓 마트에서 간단한 쇼핑

DAY 2

09:00	숙소 조식
셔틀버스	
11:00	스타벅스에서 커피 한잔
도보 4분	
12:00	화이트 비치 해변 마사지
도보 2분	
13:30	아리아, 혹은 카페 델마에서 점심 식사
셔틀버스	
15:00	숙소 휴식
픽업 차량 혹은 셔틀버스	
17:00	선셋 팔라우 세일링 즐기기
트라이시클 5분	
20:30	디 탈리파파 시장에서 해산물 먹기
도보 5분	
23:00	에픽에서 나이트라이프 즐기기

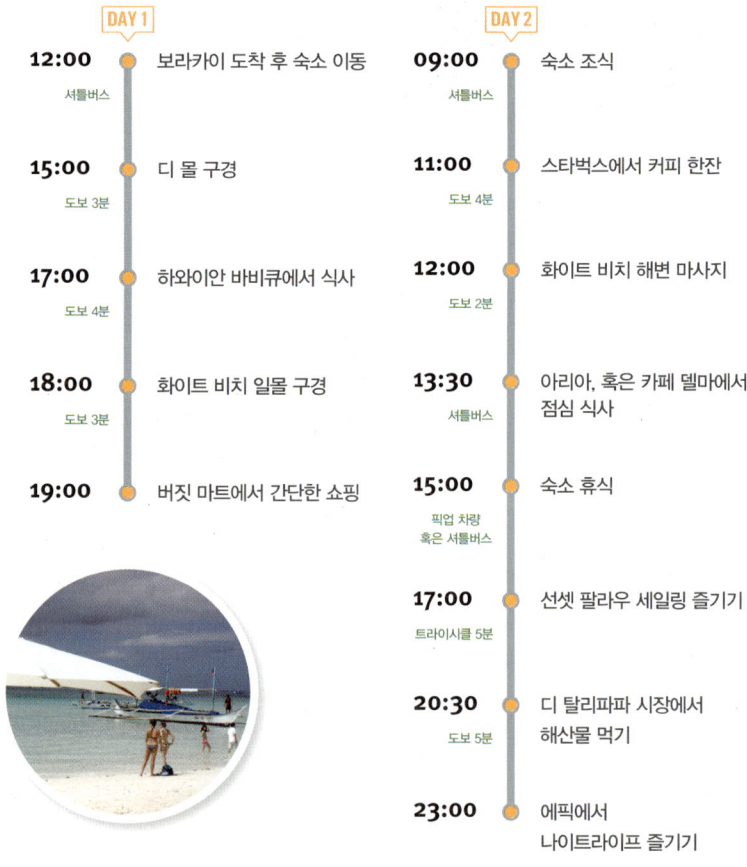

DAY 4

09:00 숙소 조식 후 리조트 휴식
셔틀버스

12:00 체크아웃 후 디 몰에서 마지막 쇼핑
도보 1분

14:00 레몬 카페에서 늦은 점심식사
도보 3분

16:00 마지막으로 화이트 비치 눈에 담기
셔틀버스

17:30 공항으로 떠나기

DAY 3

09:00 아일랜드 호핑 투어 즐기기
픽업 차량

17:00 림 스파에서 마사지 받기
(빨래 맡기기)
도보 5분

20:00 리젠시 호텔의 시브리즈 뷔페 즐기기

하루 더 묵을 여행자를 위한
1DAY 코스

현지인처럼 해변과 맥주 즐기는 + 1Day

+DAY

09:00 숙소 조식
트라이시클 10~15분

11:00 디니위드 비치에서 여유로운 시간 즐기기
도보 3분

14:00 스파이더 하우스에서 늦은 점심식사
트라이시클 10~15분

16:00 숙소 복귀 후 휴식
셔틀버스

19:00 스파이스 버드에서 저녁식사
도보 5분

21:00 옴 바에서 맥주 한잔하기

비밀스러운 해변과
여유로운 다이닝을 즐기는 +1Day

+DAY

09:00 숙소 조식
트라이시클 10~15분

11:00 발링하이 리조트 도착
도보 3분

11:20 발링하이 해변 즐기기
(입장료에 식사, 음료 바우처가 포함되어 있어
점심 해결이 가능하다)
트라이시클 20~25분

16:00 라바 스톤에서 시원하게 마사지 받기
도보 10분

19:00 해룡왕에서 해산물 요리 먹기

Here is
Boracay

지금 여기, 보라카이

01 Here is Boracay
보라카이는 어떤 곳일까?

휴양지 보라카이의 역사

필리핀의 7000여 개 섬 중 길이 7km에 불과한 보라카이가 가장 유명한 섬이 되는 데는 30년밖에 걸리지 않았다. 1970년대 서구 배낭여행자들이 드나들기 시작하면서 조금씩 전 세계에 알려지기 시작했고, 일부 영향력 있는 여행 저널리스트들이 매거진에 '세상에서 가장 아름다운 해변이 있는 섬'이라 소개하면서 휴양지로서 본격적인 변화의 시기를 맞았다. 2000년을 전후로 가까운 거리에 있는 한국 여행자들과 여행에 눈뜬 현지인들이 찾기 시작하면서 보라카이는 예전과 다른 차원의 휴양지로 거듭나게 되었다.

물가

보라카이의 물가는 필리핀뿐만 아니라 동남아에서도 1~2위를 다투는 수준이다. 이런 높은 물가는 여행자들에게도 부담스럽지만 아직도 낮은 인건비로 생계를 유지하는 현지인들에게도 심각한 문제가 되고 있다. 여행자들에게 가장 부담되는 물가는 역시 숙박비다. 작은 섬이라 숙소가 부족한데, 여행자는 끊임없이 찾아오다 보니 숙박비가 오를 수밖에 없다. 특히 여행자들이 많이 찾는 성수기에는 숙박비가 천정부지로 뛰기도 해서 비수기의 2배 이상이 되기도 한다. 식비나 해양 스포츠 비용은 1년 내내 변동이 없다.

환전

휴양지로서의 명성에 비하면 환전은 상당히 불편하다. 투어리스트 센터나 디 몰의 일부 지정된 환전소와 은행에서만 환전할 수 있다. 환율도 좋지 않은 편이라 보라카이에 들어가기 전 마닐라의 공항이나 시내에서 미리 환전하는 것이 좋다. ATM은 디 몰 등에 꽤 많이 보급되어 있다.

전화와 인터넷

해변의 마사지사들까지도 휴대폰을 들고 다니는 시대다. 거리의 공중전화는 이제 거의 없어져서 이용하려면 투어리스트 센터 같은 곳을 일부러 찾아가야 한다. 숙소나 업소의 전화를 사용하거나 전화를 많이 사용할 예정이라면 한국에서 현지 휴대폰을 빌려 가는 것이 좋다. 인터넷도 비약적으로 발전해서 무선 인터넷을 제공하는 숙소도 많아졌고, 레스토랑이나 바에서도 대부분 무료로 무선 인터넷을 이용할 수 있다.

치안

섬 하나에 리조트 하나가 있는 휴양지를 제외하면 보라카이처럼 치안이 좋은 곳도 드물 것이다. 마닐라나 세부에서는 매우 흔한, 총기를 소지한 경비원이나 경찰도 보라카이에서는 찾기 힘들다. 바다로 둘러싸인 작은 섬이라는 특성상 다른 지역의 정치적 상황과도 거리가 있어 마닐라에서 쿠데타가 일어나도 그 소식을 외국에서 걸려오는 안부 전화로 알게 되는 일이 많다. 대신 다른 여행지처럼 여행자의 지갑과 소지품을 노리는 소매치기는 있을 수 있으니 신경 쓰는 것이 좋다.

식사

보라카이를 찾는 여행자들의 국적과 음식 선호도가 다양한 만큼 스페인, 그리스, 일본, 이탈리아, 인도 등 세계 각국의 음식점이 있어 선택의 즐거움을 준다. 최근 몇 년 동안 한국인 여행자가 많이 늘어나 그에 따른 한국 식당도 급격히 늘어났다. 중국인과 현지인들이 많아지면서 중국 음식점은 물론 현지인이 좋아하는 음식점과 바비큐 식당 등도 강세다. 레스토랑에서는 음료수 가격에 서비스료도 따로 계산해 생각보다 비용이 만만치 않게 나온다. 한국 식당도 된장찌개 등 기본 식사가 250P 정도로 한국보다 비싸다. 가장 저렴한 곳은 현지인이 즐겨 찾는 프랜차이즈 식당이다. 현지인 식당에서는 1인당 평균 100~200P, 한국 식당을 포함한 레스토랑은 300~600P 정도 예상하면 된다. 보라카이의 수돗물은 바로 마셔도 될 만큼 깨끗하다. 필리핀은 한국처럼 물 인심이 좋은 편이 아니라 대부분 식사할 때 음료나 술을 시켜 마신다. 일반적인 레스토랑 매너는 아니지만 음료 경비를 줄이고 싶다면 "Tap water, please"라고 말해 수돗물을 마시는 방법도 있다.

숙소

비치 로드를 빽빽이 채우고도 모자라 산까지 침범하고 있는 리조트의 콘크리트 건물을 보고 있노라면 대나무로 지은 방갈로가 대세였던 시절이 아주 먼 옛날처럼 느껴진다. 최근 보라카이에서 이루어진 가장 급격한 변화는 숙소가 몇 배 늘어나고, 자연 소재로 만든 전통적 양식에서 현대적 양식으로 건축 스타일이 바뀌었다는 것이다. 2009년 세계적인 체인 리조트 상그릴라가 보라카이에 오픈한 것만 봐도 숙소의 변화를 짐작할 수 있다. 보라카이에서 숙소를 정할 때 가장 중요한 것은 위치. 복잡함을 피해 프라이빗한 휴식을 원한다면 화이트 비치를 벗어나 북쪽 혹은 남쪽 끝에 숙소를 잡는 게 좋다. 만약 활동적으로 돌아다니면서 중심가의 시설을 이용하려면 디 몰과 가까운 화이트 비치에 숙소를 잡는 게 좋다.

02 Here is Boracay
보라카이 들어가고 나오기

보라카이로 가는 길을 표현할 때 '산 넘고 물 건너'라는 말만큼 잘 어울리는 표현은 없을 것이다. 보라카이 내에는 공항이 없어서 보라카이에서 가까운 파나이 섬의 까띠끌란 공항(보라카이 공항)이나 조금 떨어져 있는 깔리보 공항을 이용하게 된다. 직항을 이용할 경우 섬 바깥에 있는 깔리보 공항에 내려 배로 들어가기 때문에 시간이 더 오래 걸리고 복잡한 편이다. 보라카이로 가는 길에 대해 단계별로 자세히 알아보자.

한국에서 직항 타고 보라카이 가기

한국에서 비행기 탑승 →  깔리보 공항 도착 →  까띠끌란 선착장으로 이동 (버스 or 자동차 약 90분) ↓

보라카이 선착장 도착 & 트라이시클 타고 숙소로 이동 ←  까띠끌란 선착장에서 배 타고 이동(10~15분)

❶ 한국에서 깔리보 공항 가기

어떤 항공편을 이용하든 결국 보라카이에서 가까운 곳에 위치한 까띠끌란 공항이나 깔리보 공항으로 들어가야 한다. 한국에서 직항을 타고 보라카이로 갈 경우 깔리보 공항에 도착한다. 거리상으로는 까띠끌란 공항이 훨씬 가깝고 이동하기 편리하지만, 활주로가 작아 국내선 경비행기만 이용 가능하고 한국에서 출발하는 직항은 들어갈 수 없다. 깔리보 공항에서 보라카이로 들어가는 관문인 까띠끌란 선착장까지는 100km 정도 떨어져 있으며, 90분 정도 자동차를 타고 이동해야 한다.

❷ 까띠끌란 선착장 Caticlan Jetty Port으로 이동하기

보라카이로 들어가기 위해서는 우선 까띠끌란 선착장까지 이동해야 한다. 깔리보 공항에서 까띠끌란 선착장까지는 차로 약 90분 정도 소요되며 방법은 크게 3가지로 나뉜다.

• 버스

사우스웨스트 Southwest와 같은 버스를 이용하면 가장 저렴하게 이동할 수 있다. 편도, 왕복, 배값 등 포함 사항에 따라 요금이 다르며 직접 홈페이지에서 예약할 수 있다. 깔리보 공항에서 까띠끌란 선착장까지의 버스 요금은 200P, 버스 이용과 화이트 비치까지 가는 배편, 각종 세금, 보라카이 내의 리조트에 내려주는 것을 포함한 요금은 525P이다.

사우스웨스트 www.southwesttoursboracay.com

• 픽업 서비스

중급 이상의 리조트에 투숙하면 픽업 서비스가 유·무료로 제공되기도 한다. 유료일 경우 보통 편도 US$30 안팎이며 가격은 조금 비싸지만 편안하고 안전하게 리조트까지 갈 수 있다. 한인 여행사 A-Taxi에서도 이와 비슷한 픽업 서비스를 제공하는데 편도 기준 약 5만원 수준으로 요금은 차 1대당 요금(4명 가능)으로 받는다.

A-Taxi Cafe.naver.com/boracaytaxi

• 승합차(밴)

깔리보 공항에 내리면 기사들이 호객하는데 보통 승합차는 1대당 1500P 안팎이다. 3명 이상의 여행자라면 승합차를 이용해서 이동하는 것도 괜찮은 방법이며 이때 흥정은 필수다.

> **TIP 엄격한 필리핀 세관**
>
> 필리핀 세관은 엄격하기로 유명하다. 면세 한도액은 US$200로 특히 면세점 봉투를 눈에 띄게 들고 나갈 경우, 세관의 표적이 되어 벌금을 물지도 모르니 미리 정리하고 나가는 것이 좋다.

> **TIP 마닐라를 경유해서 까띠끌란 공항에 도착할 경우!**
>
> 마닐라에서 국내선으로 환승한 후 까띠끌란 공항(보라카이 공항)에 도착할 경우, 보라카이 섬까지의 이동 시간이 훨씬 적게 소요된다. 까띠끌란 공항에서 선착장까지는 약 2km 떨어져 있으며 트라이시클을 타고 5분 정도면 도착한다. 트라이시클 요금은 약 50P. 까띠끌란 선착장에서부터의 이동 방법은 동일하다. (→ ❸ 까띠끌란 선착장에서 배 타고 보라카이로 이동하기 참고)

❸ 까띠끌란 선착장에서 보라카이로 이동하기

까띠끌란 선착장에 도착했다면 보라카이로 가는 배를 타러 가자. 선착장에서 배를 타기 전 바깥에 있는 창구에서 선착장 이용료 100P, 환경세 75P, 보트 티켓 25P(1인 총 200P) 이렇게 3가지 요금을 내야 한다. 배로 약 10~20분 정도 이동 후 건기에는 깍반 선착장, 우기에는 땀비산 선착장에 도착한다.

> **포터에게 팁 주기**
>
> 배를 탈 때 포터가 짐을 들어줄 경우 짐 하나당 20~30P 정도를 줘야 한다. 잔돈은 거슬러주지 않으니 미리 작은 단위의 돈을 준비할 것.

❹ 보라카이 도착, 숙소로 이동하기

배가 선착장에 도착했다면 드디어 보라카이에 입성한 것이다. 내리면 트라이시클이 대기하고 있으니 탑승해 숙소로 이동하자. 위치에 따라 약간의 차이는 있지만, 트라이시클 1대당 요금은 보통 스테이션 3까지는 100P 안팎, 스테이션 2는 130P, 스테이션 1은 150P 수준이다.

보라카이에서 나오기

보라카이 여행을 마치고 이제 출국할 차례. 보라카이 입국 과정을 반대로 한다고 생각하면 쉽다. 깔리보 공항의 경우 특히 이동 시간이 길고 공항에는 최소 2시간 전에는 도착해야 하므로 여유 있게 시간을 잡고 이동하자. 1인당 까띠끌란 공항은 200P, 깔리보 공항은 700P의 공항세를 내야 하니 반드시 남겨두자.

숙소에서 꺅반 선착장으로 이동 ➡ 꺅반 선착장에서 배 타고 까띠끌란 선착장으로 이동 ➡ 까띠끌란 선착장에서 깔리보 공항으로 이동하기

⬇

출국 심사 & 비행기 탑승 ⬅ 탑승 수속 & 공항세 납부 ⬅ 깔리보 공항 도착

TIP 공항까지 샌딩 서비스 이용하기

개별적으로 깔리보 공항에 가는 것이 걱정된다면, 한인 업체를 이용해서 숙소에서 깔리보 공항까지 편안하게 샌딩 서비스를 받을 수 있다. 요금은 약 2만 원에서 7만 원으로 인원수, 비행시간 등에 따라 차이가 있다. 저렴하게 이동하고 싶다면 사우스웨스트 버스와 같은 서비스를 이용하자. 사우스웨스트 버스는 숙소 픽업에서부터 깔리보 공항까지 1인 575P의 요금이 든다.

- A-Taxi cafe.naver.com/boracaytaxi
- 엔조이 필리핀 cafe.naver.com/njoypp
- 사우스웨스트 www.southwesttoursboracay.com

SPECIAL

깔리보 공항 라운지 이용하기

보라카이 여행을 마치고 한국으로 돌아가는 여행자들은 늦은 비행시간 때문에 주로 깔리보 공항에서 많은 시간을 보낼 수밖에 없다. 하지만 깔리보 공항은 넓지도 않고 이렇다 할 휴게 시설, 쇼핑 공간이 없어 시간을 보내기 지루하고 충전된 에너지도 모두 소진하게 되는 경우가 적지 않다. 이럴 때 적은 비용으로 탑승시간까지 지루하지 않게 보낼 수 있는 곳이 바로 깔리보 공항 라운지이다.

1인당 300P를 지불하면 인터넷을 사용할 수 있고 간단한 간식과 함께 편안하게 쉴 수 있는 별도의 휴식 공간이 제공된다. 또한 티켓을 제시하면 짐을 운반해주며 수속을 편안하게 할 수 있도록 도와준다.

보라카이 다이아몬드 라운지는 1층은 마사지를 받을 수 있는 공간이고, 2층은 편안하게 소파에서 휴식을 취할 수 있는 공간으로 간단한 차와 다과가 무료로 제공된다. 여러 여행사를 통해 미리 예약하면 마사지와 라운지 이용이 결합된 패키지 상품을 저렴하게 구입할 수 있다.

보라카이 에어포트 라운지는 역시 간단한 다과가 제공되는 휴식공간으로, 한쪽에서 대형 화면을 통해 영화를 상영해주기도 한다. 중앙에는 한식을 주문해 먹을 수 있는 식당이 있고, 왼쪽으로 열광적인 인기를 얻고 있는 '악마의 잼'을 구입할 수 있는 쇼핑 공간이 있다.

내 맘대로 뽑은 라운지 내 인기 쇼핑 아이템

뭐니뭐니해도 이곳에서 가장 인기 있는 아이템은 '악마의 잼'. 방부제나 일체의 첨가물 없이 만들어진 다는 이 잼은 시식하고 나면 사지 않고는 못 배길 정도로 시중에 파는 잼과 차별화된 맛과 품질을 자랑한다. 그중 가장 인기 있는 것은 코코넛 잼. 고소하면서도 달콤한 맛이 일품이다.

100% 노니 성분의 비누도 인기. 페퍼민트 성분이 함유된 것과 일반 노니 비누 두 종류가 있는데, 모두 남다른 퀄리티를 자랑한다.

여성들에게 전폭적으로 인기를 얻고 있는 태반 성분의 화장품도 빼놓을 수 없다. 밤, 로션 등의 종류가 있는데, 특히 태반 로션은 흡수도 빠르고 피부가 촉촉한 느낌이라 인기다.

문의 www.njoypp.com, cafe.naver.com/cheepboracay

악마의 잼 (코코넛 잼)

드라이 노니

천연 과일 파우더

깔라만시 꿀

100% 노니비누

03 Here is Boracay
보라카이 교통

걷기
화이트 비치에 묵는 여행자들은 특별한 경우를 제외하고는 걸어서 이동한다. 화이트 비치를 끝에서 끝까지 쉬지 않고 걸으면 30분 정도 소요된다. 일단 차량이 없어 안전하고 걷는 재미가 있어 많은 여행자들이 비치 로드를 왔다 갔다 하며 시간을 보낸다. 걷기는 이동뿐 아니라 관광이나 산책을 하는 방법이기도 하므로 여유롭게 거닐어보자.

인력거
걷다가 지치면 인력거를 타도 된다. 이용할 수 있는 구간이 제한되어 있고 비효율적이라 교통 수단이라기보다는 하나의 관광거리나 이색 체험으로 바뀌어가고 있다. 하지만 잘만 이용하면 재미있는 교통수단이 된다. 인력거는 자전거 옆에 사람이 탈 수 있는 구조물을 붙인 형태이며 승객은 2명까지 태울 수 있다. 비치 로드라고 해도 해변이 이어진 모랫길이므로 2명을 태우고 달리는 일은 생각처럼 쉽지 않아 구간별로 내려서 밀고 가기도 한다. 비용은 철저하게 협상으로 결정되는데, 1인당 최대 50P를 넘지 않으면 된다. 인력거는 비치 로드의 남쪽(올드 탈리파파 시장 근처부터 남쪽으로)에서만 탈 수 있다.

모터사이클 택시와 렌털
현지인은 모터사이클 택시도 많이 이용하는데, 보통 허가받지 않고 영업해 여행자의 이용률은 낮은 편이다. 가까운 거리는 20P 정도로 저렴하고 빠르다는 장점이 있다. 직접 운전해서 돌아보고 싶다면 모터사이클을 빌릴 수도 있다(렌터카 회사는 없다). 예전에는 비포장도로가 모터사이클의 위험 요소였다면 지금은 복잡한 교통 사정이 그렇다. 모터사이클 운전에 자신 있는 사람이 아니면 복잡한 도로와 곳곳에 파인 웅덩이, 그리고 생소한 지형에 큰 어려움을 겪게 되므로 권하지는 않는다.

트라이시클

먼 거리를 이동할 때는 메인 로드로 나가 트라이시클을 타는 것이 정석이다. 트라이시클은 모터사이클에 승객이 탈 수 있는 구조물을 붙인 것으로, 원리는 인력거와 비슷하지만 인력거보다 훨씬 많은 승객을 태울 수 있고 지붕에 짐도 싣는다. 트라이시클은 버스가 되기도 하고 택시가 되기도 하는 교통수단이다.

트라이시클을 버스 개념으로 이용하려면 일단 메인 로드로 나가 가고자 하는 방향으로 움직이는 트라이시클을 타야 한다. 이때 다른 사람들이 타고 있는 트라이시클을 선택하는 게 좋다. 버스식 트라이시클은 일정한 정류장 없이 같은 방향으로 가는 승객을 태운다. 승객들은 보통 목적지를 알리지 않고 말없이 타며 내릴 때 운전수에게 손짓을 하거나 말을 해서 세운다. 화이트 비치 내에서 움직였다면 1인당 10P를 내면 된다. 가격은 싸지만 골목길로 들어갈 수 없어 걸어야 할 때도 있고, 내리는 위치를 잘 파악해야 한다.

손님이 없는 트라이시클을 타면 대부분 택시 개념이 된다. 기본요금은 따로 없지만 가까운 거리는 대당 30P부터 시작한다. 화이트 비치 내라면 끝에서 끝이라도 100P를 넘지 않는다. 택시식 트라이시클은 버스식에 비해 가격이 곱절 이상이나 합승하지 않고 빨리, 편하게 갈 수 있으며 골목길로도 들어갈 수 있는 장점이 있어 여행자들이 많이 이용한다. 다만 트라이시클을 허용하지 않는 골목도 많아서 화이트 비치의 목적지까지 꽤 많이 걷는 일도 생긴다는 점에 유의하자. 최근 환경오염을 줄이는 차원에서 매연이 적은 그린 트라이시클을 도입했다. 가격은 같으니 이왕이면 깨끗하고 소음 적고 매연도 적은 그린 트라이시클을 이용하자.

TIP 비치 로드와 메인 로드 그리고 골목들

비치 로드는 화이트 비치를 접하고 있는 길이다. 길이라고 하지만 해변이 이어진 형태로 모래사장 길이라고 보면 된다. 비치 로드는 대부분의 구간에 차량 통행이 금지되는 보행자 전용 길이다. 비치 로드에 접한 식당들은 해변 쪽 공간에 테이블을 세팅해놓고 손님을 받는 등 야외 공간으로 활용해 이색적인 모습을 연출한다.

메인 로드는 비치 로드와 달리 차량 통행을 위해 만든 길이다. 메인 로드는 비치 로드와 나란히 내륙 쪽으로 놓여 있으며 북쪽에서 메인 로드와 비치 로드가 합쳐지는 듯한 모양새다. 메인 로드에도 상가가 발달된 곳이 있지만 디 몰 입구 부근을 제외하고는 대부분 현지인을 대상으로 하는 업소다. 그런 이유로 여행자들은 트라이시클을 이용할 때 빼고는 메인 로드에 잘 나오지 않는다.

지도(P.67)를 보면 알겠지만 비치 로드와 메인 로드는 몇 개의 골목으로 연결되어 있다. 북쪽에 만나는 지점 부근의 골목은 짧지만 남쪽은 사이가 넓어 골목만도 거리가 꽤 된다. 또 골목마다 트라이시클이 들어가기도 하고 못 들어가기도 하는 등 조금씩 성격이 다르다. 보라카이에서 원하는 곳을 잘 찾아다니려면 메인 로드와 비치 로드, 골목에 대해 잘 알고 있어야 한다. 지도를 자주 보고 구조에 대해 이해하는 게 중요하며 익숙해질 때까지는 지도를 보면서 다니는 것이 좋다.

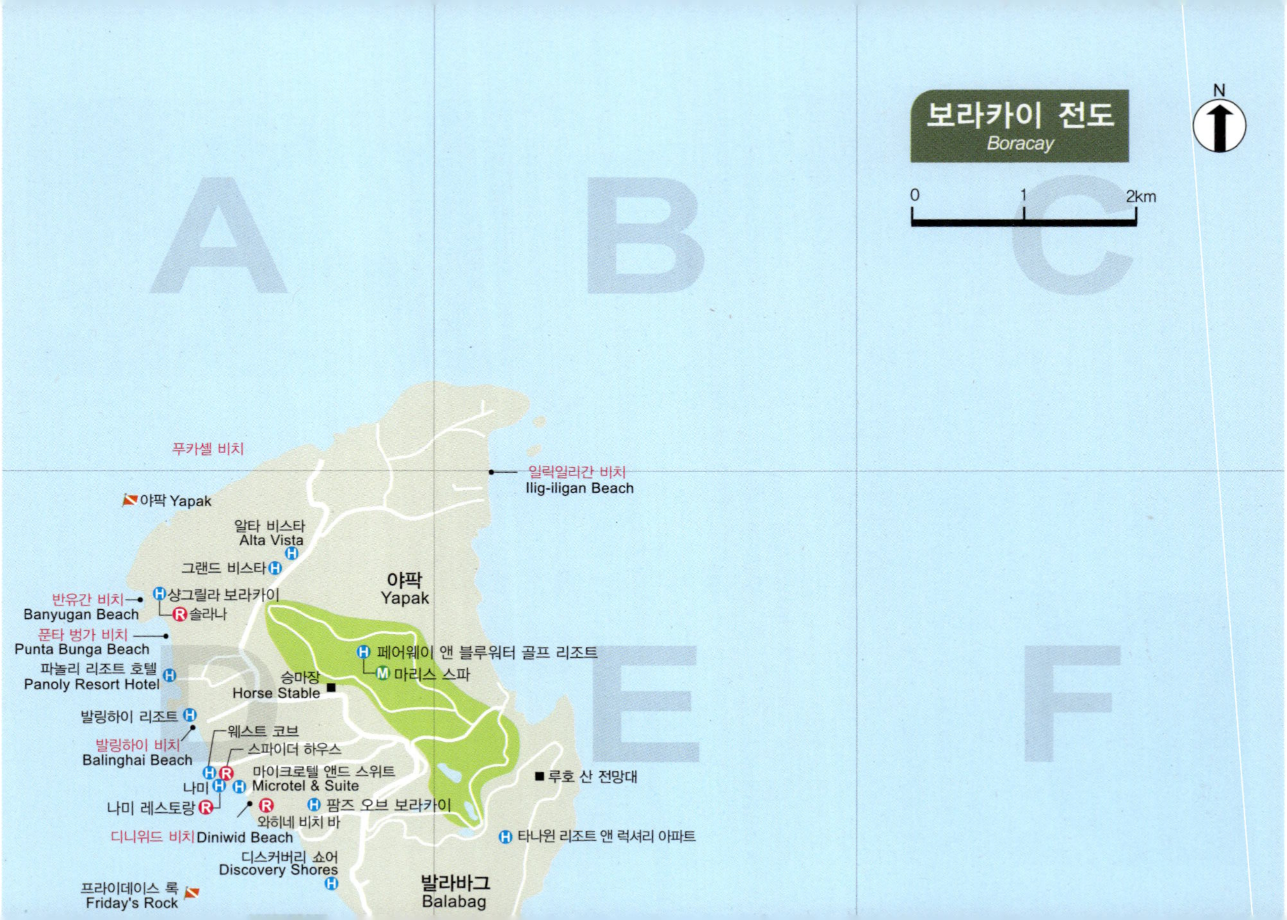
보라카이 전도
Boracay
N
0
1
2km
A
B
C
D
E
F
푸카셸 비치
야팍 Yapak
일릭일리간 비치
Ilig-iligan Beach
알타 비스타
Alta Vista
그랜드 비스타
야팍
Yapak
반유간 비치
Banyugan Beach
샹그릴라 보라카이
솔라나
푼타 벙가 비치
Punta Bunga Beach
페어웨이 앤 블루워터 골프 리조트
마리스 스파
파놀리 리조트 호텔
Panoly Resort Hotel
승마장
Horse Stable
발링하이 리조트
웨스트 코브
스파이더 하우스
발링하이 비치
Balinghai Beach
마이크로텔 앤드 스위트
Microtel & Suite
나미
루호 산 전망대
나미 레스토랑
팜즈 오브 보라카이
와히네 비치 바
디니위드 비치 Diniwid Beach
타나윈 리조트 앤 럭셔리 아파트
디스커버리 쇼어
Discovery Shores
프라이데이스 록
Friday's Rock
발라바그
Balabag

D Mall
디 몰

식도락, 쇼핑, 마사지, 나이트라이프를 위한 복합 공간

디 몰은 보라카이에서 가장 번화한 화이트 비치 중심부의 야외 복합 공간이다. 다양한 레스토랑과 스파, 쇼핑 공간 등으로 이루어져 있다. 마닐라나 세부에 있는 쇼핑몰과는 전혀 다른 스타일로, 건물이 아닌 야외에 조성된 몰이라 비치 웨어를 입고도 자연스럽게 거닐 수 있다. 보라카이를 찾는 여행자들이 주로 이용하는 숍이 대부분 디 몰 주변에 모여 있기 때문에 대부분의 호텔에서 디 몰까지 셔틀을 운행한다. 특히 버짓 마트는 만남의 광장 역할을 하는 곳으로, 대부분의 호텔 셔틀이 이곳으로 모여들어 언제나 심한 정체를 겪는다.

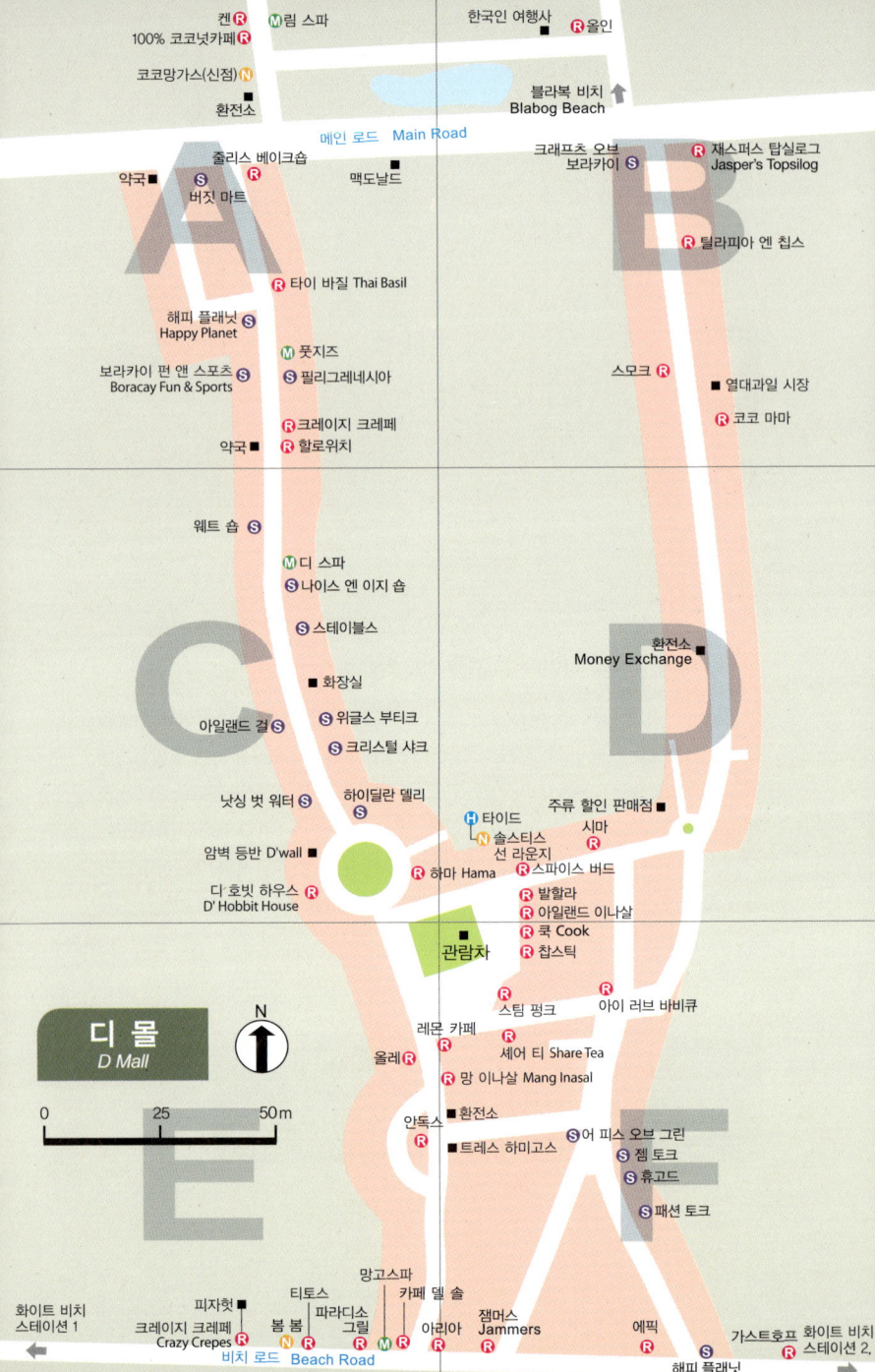

[SHOPPING]

크래프츠 오브 보라카이
Crafts of Boracay

보라카이에서 가장 그럴듯한 소형 백화점이라고 할 수 있다. 작지만 4층 규모에 다양한 제품을 전시·판매한다. 사람들이 가장 많이 북적대는 곳은 1층 슈퍼마켓이며 2층에는 남성복, 신발, 주방용품, 가전제품 등이 전시되어 있다. 3층에는 여성복과 아동복, 화장품 매장 등이 있으며 보디 숍도 입점되어 있다. 4층에는 간단한 푸드 코트가 있다. 옥상에는 소박한 루프 톱 바가 있는데, 허름하기도 하고 서비스를 기대하기도 힘들다. 그러나 바람이 시원하고 편안해 간단히 맥주 한잔 즐기는 사람들이 의외로 많다.

지도 P.70-B
위치 메인 로드의 디 몰 입구
오픈 10:00~21:00(슈퍼마켓 07:00~23:00)

[SHOPPING]

스테이블스
Stables

스테이블스에서 눈여겨보아야 할 아이템은 해초, 파파야, 티트리 오일, 코코넛 등을 이용해 만든 핸드메이드 비누이다. 한국인 여행자들도 많이 찾아 한글로도 이름이 적혀 있다. 비누 외에도 다양한 소품이 있으며 왕골 가방은 디자인도 예쁘고 튼튼하다.

지도 P.70-C
위치 디 몰, 관람차를 지나 버짓 마트 방향으로 1분
오픈 09:00~22:00
전화 036-260-2230

SHOPPING

버짓 마트
Budget Mart

메인 로드와 디 몰 입구 사이에 위치한 버짓 마트는 보라카이의 랜드마크 같은 역할을 톡톡히 한다. 가게 앞은 늘 손님을 기다리는 트라이시클과 호텔의 셔틀버스, 여행자들로 북적인다. 냉방이 잘되어 시원한 내부에는 채소와 과일을 제외한 웬만한 생필품이 구비되어 있다. 라면, 고추장 등 간단한 한국 식품도 판매하고, 여행자에게 필요한 일회용 화장품과 세면용품 등도 있어 편리하다. 디 몰을 구경하다 보면 자연스레 들르게 되는 곳으로, 호텔에서 먹을 간식거리나 음료수 등을 사기에도 좋다.

지도 P.70-A
위치 메인 로드의 디 몰 입구
오픈 07:00~23:00
전화 036-288-5983

SHOPPING

낫싱 벗 워터
Nothing But H2O

보라카이에서 딱 한 군데만 골라 쇼핑한다면 낫싱 벗 워터가 제격이다. 가장 고급스럽고 디자인이 뛰어난 수영복을 보유하고 있으며 상·하의를 따로 구입해 믹스 매치할 수 있도록 여러 가지 예시도 제안한다. 가격이 저렴한 편은 아니지만 그렇다고 너무 비싸지도 않다. 톰스나 레이밴 같은 브랜드 상품도 다루며 품질이 좋은 편이라 두고두고 입을 만한 소장 가치 높은 아이템을 구입할 수 있다. 마닐라의 글로리에타를 비롯해 6개의 지점을 운영한다.

지도 P.70-C
위치 관람차에서 버짓 마트 방향 골목으로 들어서서 왼쪽
오픈 09:00~22:00
전화 036-288-5942

[SHOPPING]

나이스 엔 이지 숍
Nice N Easy Shop

트로피컬한 패턴의 화려한 색감의 옷들이 발길을 멈추게 하는 곳이다. 다른 가게에서 찾아보기 힘든 화려한 컬러와 톡톡 튀는 디자인의 원피스가 다양해서 보는 것만으로도 눈이 즐겁다. 휴양지에서 한 번쯤 기분 전환 겸 과감한 원피스를 입고 싶다면 이곳으로 향하자.

지도 P.70-C
위치 관람차에서 버짓 마트 방향 골목으로 걷다 보면 오른쪽, 디 스파 옆
오픈 10:00~22:00

[SHOPPING]

해피 플래닛
Happy Planet

해피 플래닛은 보라카이에서 7개의 매장을 운영해 곳곳에서 마주치게 되는 친근한 숍이다. 화이트 비치 쪽에 위치한 매장이 규모도 크고 제품도 다양하게 구비되어 있다. 기념품으로 보라카이의 문양이나 로고가 새겨진 티셔츠나 인테리어 소품 등을 찾는다면 꼭 들러볼 것. 해변에서 무난하고 편하게 입을 수 있는 스타일이 주를 이룬다.

지도 P.70-F
위치 디 몰 입구 비치 로드 쪽, 버짓 마트 옆에도 있음
오픈 10:00~23:00
전화 036-288-6739

[SHOPPING]

휴고드
Hugod

디 몰 주변에 옹기종기 모여 있는 작은 상점들 대부분이 기념품이나 비치 웨어 등을 판매하지만 휴고드는 차별화된 아이템으로 독자 노선을 걷는다. 바나나 잎이나 종이 공예를 이용한 핸드메이드 토산품, 직접 만든 비누 등 어디서도 쉽게 접할 수 없는, 휴고드만의 개성이 담긴 상품을 구입할 수 있다. 보라카이에만 2개의 지점이 있으며 디 몰 안쪽에 있는 매장보다는 메인 로드에 있는 매장이 규모도 크고 상품도 다양한 편이다.

지도 P.70-F
위치 에픽 옆 골목으로 들어가서 오른쪽
오픈 09:00~22:00
전화 036-288-5629

[SHOPPING]

위글스 부티크
Wiggles Boutique

태국, 라오스, 베트남, 캄보디아, 인도네시아 등 아시아 각지에서 사 모은 다양한 아이템 컬렉션을 접할 수 있다. 신기하게 생긴 가방부터 독특한 머리 장식, 실용성 높은 그릇까지, 다양한 물건들이 즐거움을 준다. 소품 숍으로서의 가치뿐 아니라 둘러보는 재미가 있어 마치 작은 박물관에 온 듯한 느낌이 들 정도. 독특한 상품이 많은 만큼 유니크한 기념품이나 선물을 구입하고자 한다면 한번 들러보자.

지도 P.70-C
위치 관람차에서 버짓 마트 방향 골목으로 들어서서 오른쪽
오픈 10:00~22:00

> SHOPPING

어 피스 오브 그린
A Peace of Green

디 몰에 있는 아일랜드 몰의 오너가 운영하는 부티크 숍이다. 가게 이름처럼 자연에서 난 재료를 이용한 다양한 패션 아이템을 취급한다. 자개를 이용해 만든 유니크한 가방과 소품부터 가벼워서 좋은 귀여운 웨지 슈즈까지 있다. 컬러풀해서 어느 색을 골라야 할지 고민하게 만드는 화려한 비치 샌들과 슬리퍼까지 한 번쯤 들러 구경해볼 만하다. 챙이 넓은 모자와 의류 중엔 잘 살펴보면 대박 아이템이 숨어 있기도 하니 꼼꼼히 살펴보자.

지도 P.70-F
위치 관람차 부근, 팬케이크 하우스 건너편
오픈 09:30~22:00
전화 036-288-1424

> SHOPPING

아일랜드 걸
Island Girl

파스텔 톤의 귀여운 간판을 단 아일랜드 걸은 보라카이 해변을 거닐 때 반드시 필요한 패션 아이템을 취급한다. 하늘거리는 얇은 원피스와 트로피컬한 분위기가 물씬 풍기는 수영복 등 디자인이 꽤 괜찮은 제품을 구입할 수 있다. 특히 특이한 모양의 슬리퍼와 조리 등이 많이 갖추어져 있다.

지도 P.70-C
위치 관람차에서 버짓 마트 방향 골목으로 들어서서 왼쪽
오픈 10:00~22:00
전화 036-288-6744

SHOPPING

하이딜란 델리
Heidiland Deli

점포 유리창에 새겨져 있는 '유니크한 쇼핑을 경험하십시오'라는 문구처럼 주로 패션 소품이나 기념품을 취급하는 디 몰의 상점들과는 완전히 다른 유일한 그로서리 숍이다. 스위스 출신 오너가 운영하는 곳으로, 요리에 관심이 있는 사람이라면 한동안 이곳에서 시간을 보낼 수 있다. 동남아의 다양한 음식에 들어가는 향신료부터 수제 햄과 치즈, 와인과 초콜릿, 꿀과 잼까지 다양한 식품을 갖추었다. 구색만 갖춘 것이 아니라 꽤 다양한 종류를 골고루 갖추어 구경하는 재미가 쏠쏠하다. 바깥쪽에는 테이블도 마련되어 있어 샌드위치 같은 간단한 메뉴를 즐길 수 있다.

지도 P.70-C
위치 관람차에서 버짓 마트 가는 골목 입구
오픈 10:00~21:00
전화 036-288-5939
이메일 heidiland@kalibo-cable.tv

SHOPPING

크리스털 샤크
Crystal Shack

다른 숍들과 대동소이한 아이템을 취급하지만 이곳은 목걸이와 귀고리 종류가 좀 더 다양하다. 검은 줄에 독특한 펜던트가 달린 열대 분위기의 목걸이를 구입할 생각이 있다면 들러봐도 좋다.

지도 P.70-C
위치 관람차에서 버짓 마트 방향 골목으로 들어서서 오른쪽
오픈 10:00~22:00
전화 036-288-4057

SHOPPING

필리그레네시아
Filigrenasia

실버 갤러리라는 부제가 붙은 은 제품 전문 숍이다. 화려하고 트로피컬한 디자인과 색감이 대부분인 디 몰의 상점들과는 달리 은은하고 심플한 은 제품을 취급한다. 가격은 상당히 비싼 편이지만 독특하고 세련된 제품을 구입할 수 있으니 은 제품에 관심이 있다면 들러보자.

지도 P.70-A
위치 관람차에서 버짓 마트 방향으로 걷다 보면 오른쪽
오픈 09:00~23:00
전화 036-288-6742

SHOPPING

젬 토크
Gem Talk

에지 있어 보이는 이름에서부터 '뭔가 다른 이곳의 수준이 느껴지는 듯하다. 보라카이의 트로피컬한 대부분의 매장과는 차별화된 고급스럽고 심플한 인테리어가 눈에 띄는데, 안쪽으로 들어서면 다이아몬드와 원석 등 각종 보석과 액세서리가 정성스럽게 유리함 속에 전시되어 있다. 가격대는 만만치 않은 편이지만 그만큼 질 또한 좋은 편. 퀄리티 있는 액세서리를 구경하고 싶다면 들러보자.

지도 P.70-F
위치 에픽 옆 골목 안쪽으로 들어가서 오른쪽, 휴고드 옆
오픈 11:00~ 20:00
전화 036-288-1956
홈피 www.gemtalk.net

SHOPPING

웨트 숍
Wet Shop

이름처럼 해변과 어울릴 만한 의류와 소품을 주로 판매한다. 스타일리시한 의류를 비롯해 목걸이와 귀고리 등의 액세서리와 선글라스, 샌들, 모자 등 다양한 소품을 갖추고 있다.

지도 P.70-C
위치 관람차에서 버짓 마트 방향으로 걷다 보면 왼쪽
오픈 10:00~ 22:00
전화 036-288-6861

RESTAURANTS

레몬 카페
Lemoni Café

'레몬 카페'로 이름을 짓고 싶었으나 등록 실패로 레모니 카페라는 이름의 간판을 달았다는 가슴 아픈(?) 사연을 지닌 이곳. 여행자들은 아랑곳없이 이곳을 레몬 카페로 기억한다. 이름부터 상큼한 이곳은 벽면이 모두 트여 있어 시원스러우며 레몬색과 그린색의 조화가 산뜻하고 발랄한 분위기를 뿜어낸다. 인기 메뉴인 크러시는 푸짐한 양과 맛을 자랑하며 종류도 다양해 골라 먹는 재미까지 있다. 더위에 지쳐 갈증이 날 때 그만이다. 수프, 샐러드, 샌드위치, 디저트를 골라 먹을 수 있는 런치 세트도 인기이다. 특히 메인 메뉴를 주문하면 제공되는 이 집의 식전 빵은 질이 높아 주변의 시마나 바이트 클럽 등에 납품한다고 한다. 상큼하고 푸짐한 샐러드도 인기다. 하루 종일 즐길 수 있는 올 데이 브렉퍼스트에 상큼한 크러시를 곁들여 보라카이의 하루를 레몬 카페에서 시작해보는 것도 좋다.

지도 P.70-F
위치 디 몰 내 관람차 옆
오픈 07:00~23:00
요금 크러시 100~130P, 아침 세트 메뉴 190~390P(부가세 10%)
전화 036-288-6782

RESTAURANTS

카페 델 솔
Café Del Sol

보라카이에서 가장 잘나가는 카페 중 하나로 꼽히는 카페 델 솔은 보라카이에서 그나마 제대로 된 커피를 맛볼 수 있는 곳이다. 게다가 화이트 비치가 코앞이라 뷰도 끝내준다. 실내는 좁은 편이지만 바다 쪽으로 놓인 야외 테이블은 자리 잡기 경쟁이 치열하다. 라바짜 Lavazza를 사용하는 커피는 메뉴도 제법 다양하고 사이즈도 고를 수 있다. 달콤한 조각 케이크도 먹음직스럽게 진열되어 있어 커피와 함께 즐기기 좋으며 맛도 좋다. 지친 더위도 달랠 겸 시원한 아이스커피 한잔을 마시면서 화이트 비치를 바라보며 잠시 쉬어 가기에 안성맞춤이다.

지도 P.70-E
위치 화이트 비치에서 디 몰 입구
오픈 07:00~23:30
요금 조각 케이크 90~185P, 카푸치노 85/95/110P
전화 036-288-5573

RESTAURANTS

아리아
Aria

보라카이에서 가장 인기 있는 이탤리언 레스토랑을 묻는다면 주저 없이 이곳을 꼽는다. 보라카이를 대표하는 맛집 중 하나로 꾸준히 소개되는 곳으로, 화덕에 굽는 담백한 피자와 군침 도는 파스타 덕분에 늘 손님들로 북새통을 이룬다. 이 식당의 주인장은 바로 옆에 있는 카페 델 솔도 함께 운영한다. 레스토랑 앞쪽의 모래사장 위에는 자연미 넘치는 야외 좌석도 있어 아름다운 화이트 비치를 바라보며 피자와 파스타를 즐길 수 있다.

지도 P.70-E
위치 화이트 비치에서 디 몰로 들어가는 입구 코너
오픈 11:00~24:00
요금 피자 400~509P, 파스타 360~425P
전화 036-288-5573

RESTAURANTS

코코 마마
Coco Mama

아담한 공간에 귀여운 인테리어로 무장한 이곳은 진하고 달콤한 코코넛 아이스크림을 먹을 수 있는 곳. 아이스크림을 주문하면 코코넛 껍질 안쪽에 아이스크림을 넣고 토핑과 깃발로 장식해준다. 바깥쪽에 작은 테이블이 두 개 정도 놓여 있으니 디 몰을 둘러보다 잠시 달콤한 휴식을 가져보는 것도 좋겠다.

지도 P.70-B
위치 디 몰 내, 재래시장이 있는 쪽
오픈 10:00~21:00
요금 1인 100p 미만

RESTAURANTS

시마
Cyma

유러피언 지중해 요리 전문점인 시마는 보라카이 내에서 꾸준한 인기를 얻어 마닐라 그린벨트를 비롯해 여러 곳에 지점을 오픈한 성공한 음식점이다. 파란색과 흰색이 섞인 전형적인 지중해 분위기의 인테리어는 보기만 해도 시원스럽다. 좌석이 20~25석밖에 안 되고 디 몰 구석에 위치했음에도 늘 사람들로 붐벼 예약은 필수. 식사 후에는 버터를 얹은 망고를 순간적으로 뜨거운 철판 위에 익힌 뒤 아이스크림을 곁들여 먹는 플레밍 망고스도 맛보자. 의외로 맛이 조화롭고 눈앞에서 불을 붙여주는 재미 있는 모습도 지켜볼 수 있다.

지도 P.70-D
위치 디 몰 내 관람차가 있는 광장에서 하마 레스토랑을 마주 보고 오른쪽
오픈 10:00~23:00
요금 파스타 260~620P(1인 기준), 플레밍 망고스 280P
전화 036-288-4283

RESTAURANTS

100% 코코넛 카페
(보라카이 터미널라운지)
100% Coconut Cafe

무료 무선 인터넷은 물론, 여유롭고 쾌적한 공간에서 보라카이의 더위를 잠시 잊을 수 있어 찾게 되는 곳. 더구나 신선한 코코넛 100%를 이용한 다양한 메뉴를 갖추고 있어 코코넛을 좋아한다면 일부러라도 찾아볼 만하다. 코코넛을 이용한 케이크, 음료 등이 있으며 특히나 코코넛 셰이크는 가격이 살짝 높은 만큼 농도도 진하고 맛있다.

지도 P.70-A
위치 디 몰 건너편, 디 몰에서 도보 약 3~4분
요금 1인 150~200p

RESTAURANTS

켄
Ken

깔끔한 분위기에서 무겁지 않은 한식을 즐기고 싶다면 이곳을 추천한다. 언뜻 특별한 내공이 없을 것 같은 아담해 보이는 곳이지만 의외로 제대로 된 한식을 즐길 수 있다. 특히 이곳의 순두부찌개는 매콤하고 칼칼해서 제대로 밥맛을 당긴다. 밑반찬도 다양하고 정갈한 편이다. 림 스파 바로 맞은편에 위치하고 있으니 스파 후에 출출한 속을 이곳에서 달래보는 것도 좋겠다.

지도 P.70-A
위치 디 몰 건너편, 림 스파 맞은편
주소 Station2, Bolabog, Boracay
오픈 09:00~23:00
요금 1인 300P~
전화 036-288-2422

RESTAURANTS

스파이스 버드
Spice Bird

서니 사이드 카페(P.133)와 같은 회사에서 운영하는 곳으로 다양한 소스와 향신료를 이용한 요리를 맛볼 수 있다. 가장 인기 있는 메뉴는 아프리카의 피리피리 소스를 곁들인 메뉴들. 테이블에 놓여 있는 소스들은 각각 다른 풍미를 내니 다양하게 맛보자. 특히 피리피리 치킨 보드는 가장 인기 있는 메뉴 중 하나. 식사와 함께 이곳의 시그니처 음료인 망고민트 슬러시 등의 상큼한 음료를 곁들이면 금상첨화.

지도 70-D
위치 디 몰 내, 관람차에서 가까이 있다.
주소 Unit 108 D'Mall Plaza, Boracay
오픈 10:00~22:00
요금 1인 500p~
전화 036-288-1002
홈피 www.spicebirdgrill.com

RESTAURANTS

타이 바질
Thai Basil

디몰 초입에 있어 오다가다 눈에 잘 띄는 태국 음식 전문점이다. 안쪽은 길다란 나무 의자와 테이블로 심플하게 꾸며져 있다. 가격대는 저렴하지 않지만 매운맛을 제대로 낸 파파야 샐러드, 쏨땀과 사테 등은 꽤 맛이 좋다. 돼지고기나 닭고기를 바질과 함께 매콤한 소스에 볶아낸 팟카파오는 밥과 함께 곁들여 먹으면 한국 사람 입맛에 아주 잘 맞는다.

지도 70-A
위치 디몰 입구 쪽, 버짓 마트와 가깝다.
오픈 11:00~23:00
요금 1인 700P~
전화 036-288-2787

(RESTAURANTS)

올 인
All In

화이트 비치 스테이션 1쪽에서 디몰 맞은편으로 위치를 옮겼다. 한식과 함께 다양한 중식도 즐길 수 있는데, 한국 음식도 맛있지만 중국 음식이 더 인기가 많은 편. 인기 메뉴 중 하나인 짜장면과 탕수육은 한국에서 먹는 것보다 더 맛있다고 소문이 자자하다. 보라카이 내에서 배달도 가능하다.

지도 P.70-B
위치 디 몰 맞은편, 호숫가에 있다.
주소 Station 2 Balabag Boracay
오픈 11:00~22:00
전화 036-288-2204
요금 1인 300~500P

(RESTAURANTS)

찹스틱
Chopstick

아시아의 다양한 면 요리를 비롯해 한국의 분식 메뉴를 깔끔하게 맛볼 수 있는 곳이다. 1층은 파스텔 톤 인테리어에 라탄 의자와 테이블로 꾸며 아기자기한 분위기이며 2층은 빨간 쿠션을 놓은 좌식 스타일이다. 해산물을 푸짐하게 넣은 얼큰한 면 요리부터 먹음직스러운 불고기를 잔뜩 넣어 야무지게 말아져 나오는 김밥, 색색의 고명을 사용한 바삭한 새우튀김까지 메뉴 대부분이 한국의 어지간한 식당보다 더 예쁘고 푸짐하며 맛있다. 무료로 와이파이를 사용할 수 있어 디 몰을 둘러보다 잠시 쉬어 가며 간식을 즐기기에도 좋다.

지도 P.70-F
위치 디 몰 내 관람차 옆
오픈 10:00~23:00
요금 1인 200~300P
전화 036-288-6784

RESTAURANTS

아일랜드 이나살
Island Inasal

망 이나살과 마찬가지로 치킨을 주로 선보이는 레스토랑이다. 맛도 좋은 편이고 상대적으로 평화롭게 식사를 즐길 수 있다. 바비큐와 밥, 필리핀 스타일의 피클이 곁들여 나오는 메뉴가 보통 110P선이다. 바비큐는 달콤하고 짭짤해 한국인 입맛에도 잘 맞으며 바나나 잎에 정갈하게 차려져 나온다. 담백한 치킨 바비큐가 이 집의 주 메뉴이지만 필리핀 음식의 영원한 스테디셀러 포크 벨리도 인기 메뉴 중 하나이다.

지도 P.70-D
위치 관람차 부근
오픈 10:30~22:00
요금 1인 100~150P
전화 036-288-5946

RESTAURANTS

에픽
Epic

화이트 비치 선상에서 가장 눈에 띄는 건물을 찾으라면 단연 에픽이다. 멀리에서도 눈에 확 들어오는 에픽은 오픈한 지 얼마 되지 않아 단번에 보라카이의 랜드마크로 자리 잡았다. 낮 시간에는 가볍게 브런치를 즐기며 시간을 보내는 손님들로, 밤에는 본격적인 나이트라이프를 즐기는 사람들로 붐빈다. 낮 12시부터 밤 10시까지는 해피아워로 로컬 비어와 스탠더드 칵테일에 한해 1+1 프로모션을 한다. 에픽의 매력을 만끽하려면 낮에 한 번, 밤에 한 번 방문해볼 것을 권한다. 음식 맛은 나쁘지 않으며 핫 플레이스인 만큼 가격대는 높은 편이다.

지도 P.70-F
위치 디 몰 입구 바닷가쪽 해변, 잼머스 옆
오픈 11:00~다음 날 04:00
요금 브런치 250P~, 베이비 백립 780P(봉사료 5% 별도)
전화 036-288-1477
홈피 www.epicboracay.com

> RESTAURANTS

안독스
Andok's

필리핀 국민의 열광적인 사랑을 얻고 있는 치킨 체인점으로 보라카이에도 이미 여러 곳에 자리 잡고 있다. 갓 튀긴 치킨과 바비큐 치킨은 진한 소스 탓에 금방 물리긴 하지만 맛이 좋은 편. 24시간 영업하며 치킨 이외에 술과 식사 등도 판매해 간단하고 저렴하게 한 끼를 해결하거나 밤늦게 맥주 한잔하기에 좋아 언제나 사람들로 바글바글하다.

지도 P.70-E
위치 아리아에서 디 몰 가는 골목
오픈 24시간
요금 바비큐 치킨 1마리 250P, 바비큐 치킨 1조각 75P

> RESTAURANTS

스팀 펑크
Steam punk

캐주얼한 분위기와 그릴에 구운 패티, 푸짐한 양으로 인기가 높아진 바이트 클럽. 버거를 고르고 무료로 제공되는 토핑을 한 가지 고르면 주문 끝이다. 30~50P를 더 내면 토핑을 추가할 수 있다. 사이드 메뉴와 샌드위치 메뉴도 준비되어 있다. 빵 자체가 맛있는 편이며 버거와 함께 큼지막하게 튀겨 나오는 웨지 감자도 별미다. 거리에 따라 20~50P를 추가하면 배달도 가능하다.

지도 P.70-D
위치 관람차 부근
오픈 10:30~다음 날 01:00
요금 클럽 버거 165P, 트리플X 420P
전화 036-288-5947
홈피 steampunkburgersandshakes.com

RESTAURANTS

파라디소 그릴
Paradiso Grill

시푸드 바비큐로 꽤 유명한 파라디소 그릴이 원래 있던 디 몰 남쪽 자리에서 현재의 북쪽 자리로 이전했다. 예전 자리에 비슷한 이름으로 오픈한 파라이소 그릴과는 전혀 다른 곳이니 혼동하지 말 것. 해산물을 전시해두어 직접 고를 수 있고, 조리 방법도 그 자리에서 원하는 대로 정할 수 있다. 시푸드 바비큐를 푸짐하게 차려놓고 먹고 싶다면 괜찮은 선택이 될 것이다. 달콤한 칠리 소스를 곁들인 게 요리가 인기 메뉴이다.

지도 P.70-E
위치 디 몰에서 스테이션 1 방향으로 도보 1분
오픈 07:00~23:00
요금 1인 400~800P
전화 036-288-6139

RESTAURANTS

크레이지 크레페
Crazy Crepes

핑크색의 아기자기한 외관, 달콤한 냄새로 기어이 발걸음을 멈추게 만드는 크레이지 크레페. 다양한 토핑으로 만든 크레페 모형을 보고 주문하는 방식의 테이크아웃 전문점이며 한국어로 된 메뉴도 준비되어 있어 편리하다. 망고, 바나나 등 과일과 달콤한 크림으로 만든 디저트용 크레페도 있고 식사로도 좋은 참치, 돼지고기 등을 이용한 매콤한 크레페도 판매한다.

지도 P.70-A
위치 버짓 마트에서 디 몰 방향 사잇길
오픈 10:30~다음 날 24:30
요금 크레페 95~150P
전화 036-288-4474

(RESTAURANTS)

올레
Ole

스페인 음식을 전문으로 하는 레스토랑. 전체적으로 경쾌한 분위기이며 야외 좌석은 디 몰을 지나다니는 사람을 구경하기에 좋다. 한국어로 된 메뉴판이 따로 있어 주문할 때 도움이 되며 푸짐하고 먹음직스러운 파에야와 올리브 오일로 구운 새우 요리 감바스가 인기 메뉴이다. 최근 보라카이에 여행자가 많이 몰리면서 너무 많은 손님 탓에 맛이 들쭉날쭉한 레스토랑이 몇몇 있는데 올레도 그중 하나로 꼽히기도 한다.

지도 P.70-E
위치 디 몰 입구, 레몬 카페 건너편
오픈 10:00~22:00(성수기에는 새벽 03:00까지)
요금 1인 355~695P(봉사료 10%)
전화 036-288-5940

(RESTAURANTS)

할로위치
Halowich

포켓 형태의 다양한 샌드위치와 예쁘게 장식한 팥빙수 느낌의 망고 아이스, 스트로베리 아이스 등이 할로위치의 인기 메뉴. 모던하고 쾌적한 실내에서 더위에 지친 몸을 쉬어 가기 좋다. 운영자가 한국인이라 더 친근하며 한국으로 무료 전화도 걸 수 있다.

지도 P.70-A
위치 버짓 마트에서 디 몰 방향 사잇길, 크레이지 크레페 옆
오픈 09:30~23:30
요금 1인 100~150P
전화 036-288-675

RESTAURANTS

발할라
Valhalla

격식을 갖추지 않은 편안한 분위기의 레스토랑이지만 의외로 맛있는 스테이크 메뉴를 제공해 인기가 많다. 실내에 마련된 좌석보다는 창가에 붙어 바깥쪽으로 자리한 야외석이 훨씬 안정감 있고 답답하지 않다. 고급스럽지 않은 장식에 뭔가 투박한 느낌의 스테이크는 가격에 걸맞은 맛이라는 느낌이다. 갓 튀겨낸 감자튀김도 풍성하게 나와 푸짐한 식사를 즐길 수 있다. 텐더로인은 그램당 차지를 받으며 200g 이상 주문해야 한다.

지도 P.70-D
위치 디 몰, 찹스틱 누들 하우스 옆
오픈 11:00~23:00
요금 필레미뇽 605P, 베이비 백립 605P~, 텐더로인(200g) 1155P
전화 036-288-5979

RESTAURANTS

티토스
TITOS

컬러풀한 인테리어가 눈길을 사로잡는 레스토랑으로 디 몰 바로 옆에 위치한 해변에 있다. 티토스는 필리핀어로 삼촌이라는 의미이며 이름처럼 편안하고 친근한 분위기다. 필리핀 음식과 그릴 메뉴가 주를 이루는데 필리핀식 달콤한 소스를 더한 해산물 바비큐, 베이비 백 립 등이 인기가 있다. 할로 할로, 구운 바나나 등 필리핀 스타일의 디저트도 고루 갖추고 있다. 보라카이 내에서는 무료 배달도 가능하다.

지도 P.70-E
위치 디 몰 해변 입구 바로 옆, 팻츠 바 2층에 위치
오픈 10:00~다음 날 02:00
요금 카레카레 390P, 갈릭 라이스 45P
전화 036-288-2369

> RESTAURANTS

아이 러브 바비큐
I Love BBQ

바비큐 메뉴를 좋아하는 여행자라면 주목해야 할 레스토랑이다. 비치 로드에 위치한 가게들처럼 운치는 없지만 나름 특색 있게 꾸민 벽면과 심플한 나무 탁자가 친근하다. 달콤한 맛을 가미한 하와이언 바비큐는 누구나 무난하게 즐길 수 있는 메뉴. 두툼한 돼지고기 바비큐, 포크 벨리도 맛있다. 바비큐 메뉴 이외에도 버거류와 올 데이 브렉퍼스트 메뉴도 판매한다.

지도 P.70-D
위치 바이트 클럽 옆 골목 안쪽
오픈 10:00~22:00
요금 치킨 바비큐 230P, 포크 벨리 230P
전화 036-288-6980

> RESTAURANTS

틸라피아 엔 칩스
Tilapia'N Chips

크래프츠 오브 보라카이 옆 골목에 새롭게 문을 연 레스토랑. 오픈하자마자 보라카이를 대표하는 맛집으로 등극한 이곳은 모던하고 산뜻한 인테리어가 특징이다. 대표 메뉴는 영국식 피시 & 칩스로 푸짐한 양에 맛도 좋고 가격도 부담 없어 인기를 끈다. 생선튀김은 바삭한 튀김옷과 부드럽고 두툼한 생선살의 조화가 기가 막히다. 세트 메뉴로 시키면 밥 또는 감자튀김이 함께 나오며 2명이 함께 먹기에 알맞다. 피시 & 칩스 외에 햄버거, 샌드위치 등의 맛도 수준급이다.

지도 P.70-B
위치 스모크에서 메인 로드 방향으로 도보 2분, 크래프츠 오브 보라카이 가기 전
오픈 11:00~23:00
요금 세트 메뉴 330P~, 햄버거 199P
전화 036-288-2283

| RESTAURANTS |

스모크
Smoke

저렴하고 맛있는 현지인 식당으로 나름의 분위기와 멋을 갖춘 곳이다. 디 몰 안쪽에 새롭게 분점을 오픈했다. 조금 더 깔끔해진 느낌이지만 여전히 쾌적한 분위기는 아니다. 메뉴는 필리핀 음식부터 웨스턴까지 다양한데, 의외로 입맛에 맞는 메뉴가 많고 저렴해 현지인과 외국인 여행자에게 모두 인기다. 칠리 치킨은 칠리 소스와 레몬그라스로 요리한 닭고기를 밥 위에 얹어내는데, 그다지 매콤하진 않지만 달달하니 덮밥 먹는 기분으로 가볍게 먹을 수 있다.

지도 P.70-B
위치 디 몰 안독스 뒤쪽에 위치
오픈 24시간
요금 칠리 치킨 150P, 폭 스테이크 170P
전화 036-288-6014

| RESTAURANTS |

줄리스 베이크숍
Julie's Bakeshop

오직 필리핀에서만 맛볼 수 있는 로컬 베이커리 브랜드로, 버짓 마트 맞은편에 위치한다. 맛은 기대에 미치지 못하나 파격적으로 저렴하므로 호기심 해소 차원에서 한 번쯤 맛볼 만하다. 비슷비슷해 보이는 빵들이 수북이 진열되어 있는데, 그중 스위트롤이나 치즈롤은 담백해서 먹을 만하다.

지도 P.70-A
위치 버짓 마트 맞은편
오픈 08:00~23:00
요금 빵 5P~

NIGHTLIFE

봄 봄
Bom Bom

보라카이에서만 느낄 수 있는 비치의 낭만을 가슴 가득 만끽할 수 있는 곳이다. 해가 지고 어둑해지면 해변에 정겨운 나무 의자와 테이블이 나타나고 잔잔한 통기타 소리가 울려 퍼지기 시작한다. 감미로운 음악과 파도 소리를 들으며 마시는 산 미구엘 한잔은 열대의 밤을 아름답게 수놓아줄 것이다. 과하지도 모자라지도 않은 봄 봄의 분위기는 누구나 편안하게 보라카이의 밤을 즐길 수 있도록 해준다.

지도 P.70-E
위치 디 몰 입구 쪽 해변
오픈 15:00~다음 날 01:00
요금 칵테일 120~200P, 맥주 65~75P
전화 036-288-4795

NIGHTLIFE

솔스티스 선 라운지
Solstice Sun Lounge

규모는 작지만 보라카이에서는 보기 드물게 세련된 느낌이 드는 바이다. 지붕 없는 건물 옥상이라는 환경과 주변 건물 전망이 이색적이다. 조명과 음악이 옥상의 시원한 전망, 수영장과 어우러져 은은한 분위기를 풍긴다. 너무 큰 기대를 갖지 않는다면 보라카이의 다른 나이트라이프 장소와는 사뭇 다른 매력을 지닌 이곳에서 좋은 시간을 보낼 수 있을 것이다.

지도 P.70-D
위치 관람차 뒤쪽, 타이드 호텔 내
오픈 18:00~24:00
요금 1인 150~250P
전화 036-288-4517

© The Tide Hotel

SPA

림 스파
Lim Spa

태반 마사지와 카카오 마사지가 특히 유명하고, 차분하고 고급스러운 인테리어로 꾸며져 있다. 디 몰 건너편에 자리하고 있어 쇼핑과 다이닝으로 시간을 보내다 하루 일정을 마무리하며 들르기에도 편리하다. 마사지에 들어가기 전 유칼립투스와 라벤더 등 취향에 맞는 오일을 먼저 선택한다. 다음으로 팩에 사용될 재료를 고르는데 노폐물 해소에 좋은 핑크클레이, 안티에이징에 좋은 카카오, 비타민 공급에 좋은 망고 중 선택할 수 있다. 물론 가장 인기 있는 것은 림 스파의 대표 메뉴가 되어버린 카카오. 마사지는 간단한 샤워와 함께 노니주스가 제공되는 반신욕으로 시작하는데, 전신마사지와 얼굴 팩, 두피마사지가 고루 포함되어 있어 더위에 지친 심신이 말끔하게 회복되는 기분이다. 마사지를 즐기는 동안에 옷을 맡기면 말끔하게 세탁해주는 서비스를 제공하고 있다.

지도 P.70-A
위치 디 몰 버짓 마트 길 건너편 안쪽에 있다.
홈피 www.njoypp.com(마사지 예약 문의)

SPA

풋지즈
Footzee'z

침대 6개가 전부인 소규모 스파지만 편리한 위치와 적당한 마사지로 꾸준히 인기가 있는 곳이다. 발 전용 스파 프로그램을 전문으로 하며 발을 주물러서 피로를 풀어주기보다는 주로 발에 있는 각질이나 더러움을 제거해주는 것에 초점을 맞춘다. 가격은 550P로 받아볼 만하다. 가장 인기 있는 프로그램은 발 스크럽과 마사지를 결합한 풋시스 트위스트 오브 플레저 Footsie's Twist of Plesure와 마스크 트리트먼트 Mask Treatment이다.

지도 P.70-A
위치 디 몰 비치 로드에서 버짓 마트 쪽
오픈 10:30~22:00
요금 풋 마사지 600P(30분)
전화 036-288-4264

SPA

디 스파
D'Spa

디 몰에서 한국인이 가장 많이 찾는 마사지 숍. 규모는 작지만 깔끔한 시설을 갖추었으며 스파 숍의 분위기를 내려고 노력한 흔적이 엿보인다. 가격도 이 정도면 합리적인 편으로 실속 있는 마사지를 찾는 이들에게는 괜찮은 선택이 될 것이다. 7개의 베드와 2개의 커플 룸으로 되어 있으며 2층 프라이빗 룸에서 마사지를 받는다면 추가 요금을 내야 한다. 마사지는 취향에 따라 오일을 사용한 오일 마사지와 그렇지 않은 건식 마사지 중 선택해 진행할 수 있다. 한국인에게 인기가 많아 한국어 프로그램도 따로 준비되어 있다.

지도 P.70-C
위치 관람차에서 버짓 마트 방향으로 걷다 보면 오른쪽
오픈 08:30~24:00(10:30~14:00 10% 할인)
요금 전신 마사지 600P(1시간)
전화 036-288-4443
홈피 www.boracayspa.com

STAYING

타이드
The Tides

디 몰 한가운데 자리한 타이드는 감각적이고 스타일리시한 숙소다. 오픈한 이래로 모든 시설이 깨끗하게 관리되고 있어 인기가 많다. 60개의 룸은 욕조 유무와 방 크기에 따라 에센셜 룸 Essential Room과 익셉셔널 룸 Exceptional Room으로 나뉜다. 로비를 통과해 내부로 들어가면 중앙의 나무 데크 공간을 중심으로 양쪽에 객실 건물이 있고 두 건물은 공중 회랑으로 연결되어 있다. 톡톡 튀는 문구와 장치로 재치 있게 꾸며져 있으며 특이하게 나무 데크로 된 바닥과 블랙 & 화이트 톤의 건물은 조화를 이루어 모던하고 심플한 느낌이다. 옥상에 위치한 수영장은 작은 편이나 솔스티스 선 라운지와 어우러져 상당히 로맨틱한 분위기를 느낄 수 있으며 수영장에서 내려다보이는 디 몰과 화이트 비치의 모습이 시원스럽다.

지도 P.70-D
위치 관람차에서 버짓 마트 방향을 바라보고 오른쪽
요금 에센셜 룸 US$130~
전화 036-288-4517
홈피 www.tidesboracay.com

STAYING

헤이 주드
Hey Jude

객실은 깨끗하게 잘 관리되는 편이지만 좁은 공간에 건물만 있어 답답한 느낌을 주기도 한다. 객실 가격에는 무료 조식과 웰컴 드링크 등이 포함되어 있다. 3층 건물에 20개의 객실이 있으며 슈피리어, 딜럭스, 스탠더드 등으로 나뉘어 운영된다. 합리적인 가격대와 편리한 위치로 여행자들에게 어필한다.

지도 P.70-D
위치 디 몰에서 크래프츠 오브 보라카이 가는 방향 초입
요금 슈피리어 US$90~
전화 036-288-5401
홈피 www.heyjude-boracay.com

SPECIAL

우기의 보라카이

우기엔 무엇이 달라질까?
다른 곳에도 다 있는 우기에 대해 따로 이야기하는 이유는 보라카이를 여행할 때는 유난히 날씨의 영향을 많이 받기 때문이다. 건기의 사진, 건기의 여행 정보만 가지고 우기에 보라카이를 방문하면 '이 섬이 그 사진 속 섬 맞아?'라고 의아해 할 수도 있다. 통상적으로 보라카이의 우기는 5~10월 사이이다. 우기에는 어떤 점들이 달라지는지 살펴보면서 대비하자.

1. 스콜, 혹은 장마
우기란 말 그대로 비가 자주, 많이 오는 계절이다. 하루 종일 비가 내리는 것은 드물고 중간중간 스콜을 뿌리는 날씨가 대부분이지만 한국의 장마처럼 이틀, 사흘 내내 비가 멈추지 않을 수도 있다. 비가 많이 오면 메인 로드와 비치 로드의 일부에 웅덩이가 생기고 구간별로 물에 잠기기도 한다. 반면 건기에도 화이트 비치가 호수처럼 변할 수 있다. 모든 건 운이다.

2. 바람의 방향
비가 자주 오는 현상 외에 가장 큰 자연의 변화는 바람의 방향이 바뀌는 것이다. 별로 대단한 변화라고 생각하지 않을 수도 있지만 사실 그것으로부터 우기의 특징들이 생긴다. 건기의 화이트 비치는 그야말로 다리미로 다린 듯 파도가 잔잔하다. 바람이 남동쪽에서 북서쪽으로 부는데, 섬의 가운데 척추처럼 자리한 언덕이 바람을 막는 병풍 역할을 해서 서쪽에 위치한 화이트 비치는 바람도, 파도도 없는 호수처럼 되어버린다.
우기가 되면 거짓말처럼 바람의 방향이 바뀐다. 북서쪽에서 남동쪽으로 부는데, 화이트 비치에는 파도가 치고 반대쪽, 동쪽 해변들은 호수가 된다. 이때가 되면 팔라우나 벙커 등 대부분의 선박도 블라복 비치에 정박하면서 그곳을 베이스캠프로 삼는다. 바람을 피하는 게 아니라 찾아

다녀야 하는 윈드서핑이나 카이트 보딩은 건기에 블라복 비치 쪽에 있다가 우기에 화이트 비치로 나온다.

3. 블라복 비치의 부상

당연한 결과겠지만 우기에는 블라복 비치가 인기다. 해변의 크기나 질적인 면에서 화이트 비치의 적수가 되지 않는 블라복 비치이지만 우기에는 그곳에서 배를 타고 호핑 투어를 나가거나 해양 스포츠를 할 수 있기 때문에 방문자가 많아지고 활기를 띤다.

4. 모래막이 등장

화이트 비치에 바람이 불면 파도가 높아지는 것 외에 불편한 점이 하나 더 있다. 곱디고운 화이트 비치의 산호 모래가 날린다는 것이다. 모래바람을 맞으면 모래가 온몸을 덮으며 떼기도 쉽지 않다. 그래서 보라카이 주민들은 아주 오래전부터 우기가 시작되면 화이트 비치에 모래막이를 설치해왔다. 모래막이가 통일된 모습이 아니라 제멋대로인 것은 비치 로드에 자리 잡은 각 식당이나 호텔 등의 업소에서 각자 알아서 모래막이를 세우기 때문이다. 어떤 곳은 코코넛 잎을 촘촘히 엮어놓기도 하고 어떤 곳은 대나무와 그물을 이용하기도 한다. 자연 소재로 만든 모래막이는 생각보다 흉물스럽지 않으며 현지인들의 삶과 화이트 비치의 일부라 할 수 있다.

5. 저렴해지는 여행 물가

보라카이에서 한국 여행자가 환영받는 이유는 그 절대적인 수와도 관련이 있지만 더 중요한 것은 남들이 잘 오지 않는 우기에 더 많이 온다는 점이다. 한국의 휴가철인 7~8월은 보라카이는 우기의 한가운데이기 때문에 업소마다 손님의 발길이 뚝 끊기는데, 그나마 한국 여행자들이 살려주는 셈이다(우기라는 사실을 모르고 오는 사람도 꽤 많다). 우기는 비수기의 정점으로 수요와 공급의 법칙에 따라 보라카이의 물가가 하락한다. 식당이야 우기라고 해서 가격을 티 나게 내리진 않지만 숙소의 가격은 꽤 차이가 크고 벙커와 팔라우 렌탈 비용이나 시장의 해산물 가격도 떨어진다. 우기의 보라카이 여행이 꼭 나쁘다고만 할 수 없는 이유가 여기 있다.

우기에 보라카이 여행하기

이미 언급한 것처럼 우기에 보라카이를 여행할 때의 장단점은 분명하다. 햇빛은 줄어들고 비가 많아지는 날씨는 대부분의 여행자들에게 단점으로 받아들여지는 대신 저렴한 방값, 한적한 해변은 장점이 될 수 있다. 예를 들어 우기에도 날씨가 건기와 다름없이 화창하고 화이트 비치까지 잔잔하다면 최고의 조건이 되는 것이다(기후 변화가 심해지면서 우기에도 화창한 날이 늘고 있다).

반대로 한창 건기이자 연중 가장 물가가 비쌀 때인 12월에 태풍이 오는 일도 있으니 우기와 건기로 나누는 것 자체가 무의미해지기도 한다. 어쨌든 여행자는 시기에 따라 단점을 커버할 수 있는 최대한의 준비를 하는 게 좋겠다.

예를 들어 우기에는 숙소 가격도 내려가니 가능하면 수영장이 있고 오래 있어도 덜 답답한 객실과 리조트를 고르는 것도 방법이다. 그 시기에 바다가 잔잔한 블라복 비치 쪽의 숙소를 고려할 수도 있다. 하지만 가장 중요한 것은 날씨와 관계없이 긍정적인 마음을 갖는 것이다. 변화무쌍한 보라카이 날씨는 어쩔 수 없는 것이니 날씨가 당신의 여행의 성패를 결정하지 않게 하는 것이 좋다.

TIP 허리케인에 대처하는 여행자의 자세

필리핀은 허리케인의 근원지로 잘 알려져 있다. 허리케인은 필리핀의 남쪽에서 시작해 여러 갈래로 퍼져나가는데, 북쪽으로 올라오는 허리케인은 보라카이를 직·간접적으로 덮친다. 허리케인은 보라카이처럼 해변과 바다를 즐겨야 마땅한 섬에서는 최악의 조건을 만든다. 모든 해양 스포츠는 중단되고 식당들도 문을 닫는다. 그뿐 아니라 심할 때는 보라카이와 파나이 섬을 잇는 선박도 운항을 중단하고 항공편도 취소된다. 더 운이 나쁘다면 환승할 국제선을 놓치고 대기자 명단에 올라 언제 한국에 돌아갈지 모르는 상황에 처할 수도 있다. 인간은 신이 아니기에 허리케인에 근본적으로 대처하기는 힘들다. 태풍이 온다는 현지 일기예보를 보고 오랫동안 준비한 여행을 취소하는 것은 방법이 아닐 수도 있다. 온다던 태풍이 멀리 비껴가고 태풍 후의 가장 아름답고 깨끗한 섬을 경험하는 행운이 있을 수도 있으니 말이다. 대신 태풍이 많은 시기에 여행한다면 다음과 같은 준비를 해둘 필요는 있다.

1. 국제선과 국내선은 가급적 당일 환승을 피한다. 특히 한국으로 돌아가는 날에 마닐라 숙박을 넣어 여유 시간을 둔다.
2. 허리케인의 영향권에 들어가면 배편이나 항공편 등의 운항 여부에 주목하면서 상황에 적극적으로 대처한다. 항공기가 취소되면 빠른 시간 내에 다른 항공기의 좌석을 확보해야 한다.
3. 안전사고에 유의한다. 바람이 심할 때는 바깥 출입을 삼가고 안전을 최우선으로 일정을 진행해야 한다. 그 영향력을 얕보지 않도록 한다.

The Nothern Part of
the White Beach
화이트 비치 북쪽

휴양과 나이트라이프의 낙원

화이트 비치를 북·남쪽으로 나눈 것은 가이드북 구성의 편의를 위한 것으로, '화이트 비치 북쪽'은 디 몰에서 시작해 스테이션 1을 포함한 비치의 북쪽 끝까지를 말한다. 화이트 비치는 북쪽으로 갈수록 모래가 더 곱고 백사장의 폭도 넓어지는데, 디 몰에 비해 업소가 많지 않아 관광객의 수가 훨씬 적다. 프라이데이스나 디스커버리 쇼어처럼 보라카이를 대표하는 고급 리조트가 이쪽에 위치한 것도 가장 아름답고 프라이빗한 분위기를 유지하고 있기 때문. 화이트 비치 북쪽 끝의 절벽 아랫길을 따라가면 나미 리조트가 있는 디니위드 비치로 걸어서 이동할 수 있다.

화이트 비치 북쪽
Nothern Part of White Beach
N
0
200
400m
A
B
C
D
블라복 비치
Blabog Beach
트라이시클 타는 곳
윈드피아
Windpia
세븐 스톤스 보라카이 스위트
세븐스 노트 카페
다나루 스파
Danaru Spa
MNL 비치 호스텔
포세이돈
보라카이 고등학교
블라복 로드
Blabog Road
메인 로드 Main Road
아일랜드 눅 호텔
Island Nook Hotel
헤븐 스위트
아리랑
Arirang Restaurant
파티오 퍼시픽
가든 카페
엔조이 필리핀 사무소
크라운 리젠시 프린스 호텔
레드 코코넛
크리스털 샌드
파마나 레스토랑
오제이스 그릴
어메이징 쇼
디 몰
D Mall
레드 코코넛 로드
게리스 그릴
비치 헛 바
난다나 보라카이
더 디스트릭트 The District
레알 마리스
아리아 Aria
카사 피에스타 리조트
비치 로드
Beach Road
크레이지 크레페
Crazy Crepes
마냐나
주주니
보라카이 비치 리조트
Boracay Beach Resort
티브라즈
스타벅스 Starbucks
스쿠버 챔프
Scuba Champ
칸 스파
프리 윌리 Free Willy
뱀부 라운지
Bamboo Lounge
아일랜드 풋스파
하와이안 바비큐
스테이션 1
로열 파크
Royal Park
아스토리아
요나스
주점부리
빅터 오르테가 아일랜드 스파
샹그릴라
Shangri-la
메인 로드
Main Road
에스콘디도 비치 리조트
햄스테드 보라카이 부티크 호텔
조니스 비치 리조트
성당
코코망가스
길리스 아일랜드
오바마 그릴 바 & 레스토랑
클럽 팔라우
아리엘 하우스
Ariel's House
윌리스 비치 클럽 호텔
Willy's Beach Club Hotel
에스타시아 우노
화이트 하우스
White House
더 팜즈 오브 보라카이
The Palms of Boracay
디스커버리 쇼어
수르 레스토랑
펄 오브 더 퍼시픽
투 시즌스
프라이데이스
시 윈드 리조트
네오 스파
수르 리조트
Sur Resort
더 린드
카스바
앰배서더 인 파라다이스
푼타 로사
Punta Rosa
알 프레스코
화이트 하우스
White House
윌리스 락

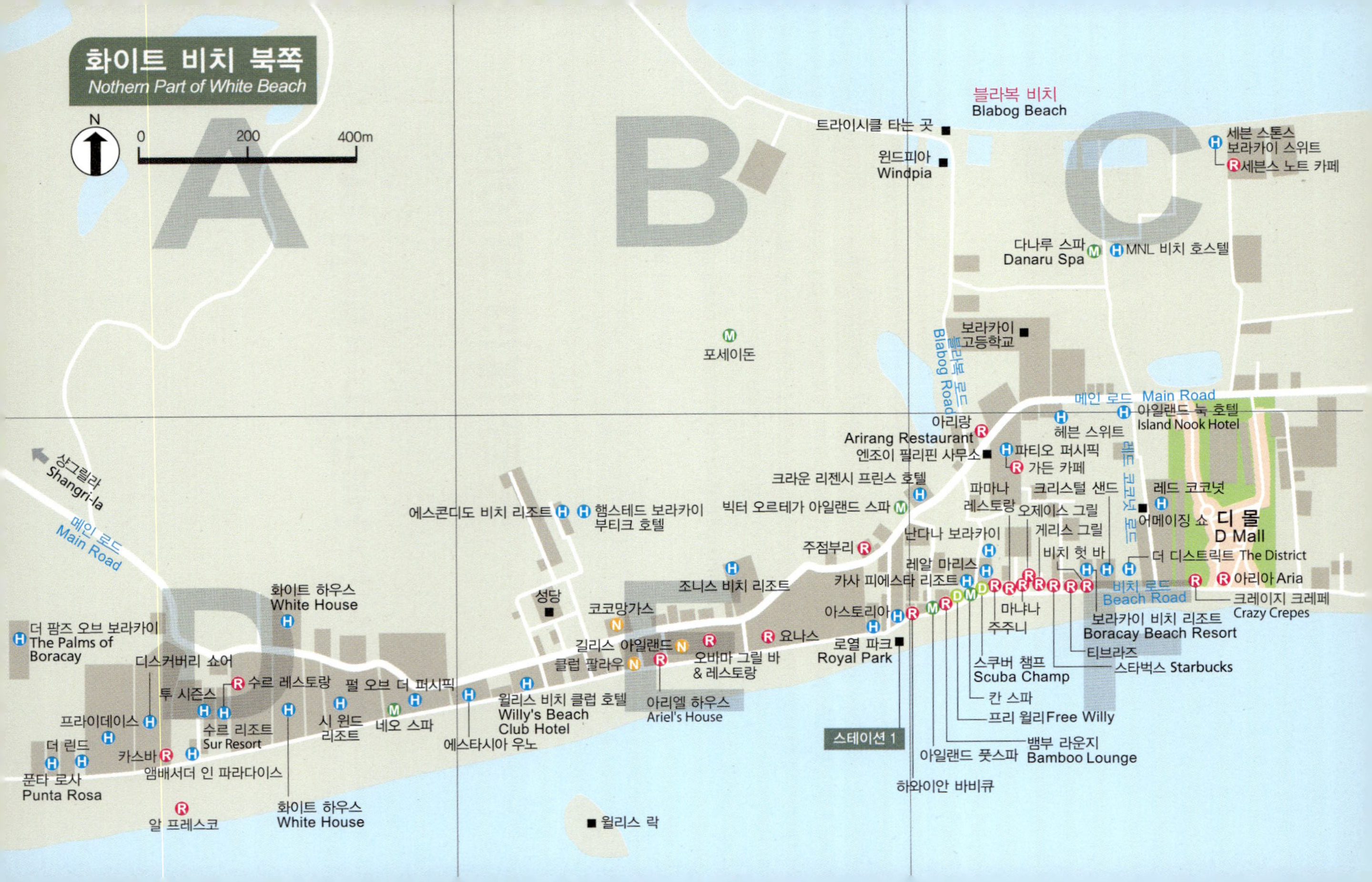

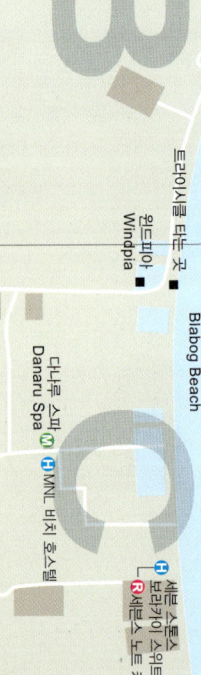

SIGHTSEEING

어메이징 쇼
Amazing Show

어쩌면 필리핀 하면 가장 먼저 떠오르는 쇼라고 해도 과언이 아니다. 실제 여자보다 더 예쁘고 늘씬한 오빠(?)들의 신명 나는 공연을 볼 수 있다. 언뜻 꺼려질 수는 있으나 실제로 보면 가족들과 함께 즐겨도 좋을 만큼 유쾌하고 재미있다. 귀에 익은 음악에 맞춰 화려한 의상과 함께 유머러스한 설정으로 신나는 댄스를 감상할 수 있다. 공연 중 사진 촬영은 금지되어 있으며, 공연이 끝나면 배우들과 함께 사진을 찍을 수 있는데 이때 약간의 팁을 건네주는 것이 예의다.

지도 P.100-F
위치 디 몰에서 스테이션 1방향, 더 디스트릭트 뒤편
오픈 20:00 (월~토, 일요일 휴관)
요금 1인 1300P(0~6세 무료, 7~10세 500P)
홈피 cafe.naver.com/boracaytkt
※ 카카오톡 아이디 kmboracay

SIGHTSEEING

윌리스 락
Willy's Rock

화이트 비치 북단에 바다 한가운데 독특하게 우뚝 솟아 있는 바위가 있다.
계단을 이용해 바위 위에 올라가면 성모상이 있고 바다 쪽에서 화이트 비치를 한눈에 담아볼 수 있어 기념사진 촬영장소로서도 인기가 많다. 특히 해 질 녘이면 더더욱 로맨틱한 풍경을 눈에 담을 수 있다. 단, 너무 늦은 시간에는 물이 차가워지므로 유의하자.

지도 P.100-E
위치 디 몰에서 해변을 따라 스테이션 1 방향으로 도보 약 10분
요금 무료

RESTAURANTS

마냐나
Mañana

보라카이 대표 맛집으로 통하는 멕시칸 음식점인 마냐나는 겉모습부터 예사롭지 않다. 알록달록한 원색의 벽과 멕시코에서 직접 공수한 소품들이 이국적이고 독특해 시선을 집중시킨다. 건물 자체는 매우 작고 좌석도 10석 정도로 한정적이지만 해변을 활용해 원하는 만큼 좌석이 늘어나기만 한다.
보라카이에서 제일 흔한 것이 망고 셰이크지만 그 맛과 양에서 마냐나는 압도적이다. 모차렐라 치즈를 듬뿍 얹은 타코 플래터와 부리토 플래터, 코미다 코리다도 인기 메뉴. 대부분의 메뉴가 맛있다.

지도 P.100-F
위치 디 몰 입구에서 2분 거리, 비치 로드
오픈 11:00~22:00
요금 타코 플래터 352P, 산 미구엘 70P, 망고 셰이크 145P(봉사료 10% 별도)
전화 036-288-5405

RESTAURANTS

게리스 그릴
Gerry's Grill

세부, 마닐라 등에서 이미 뜨거운 인기를 끌고 있는 필리핀의 대표적인 바비큐 체인 브랜드로, 보라카이에도 문을 열었다. 이름처럼 그릴 메뉴가 주 종목으로 해산물, 육류 등을 이용한 다채로운 바비큐를 즐길 수 있다. 갈릭 라이스와 함께 푸짐한 바비큐 요리를 즐겨도 좋고, 새우튀김이나 조개구이 등과 산 미구엘 맥주를 마시며 가벼운 식사를 즐기기에도 좋다. 화이트 비치를 보면서 식사할 수 있는 야외석과 에어컨이 나오는 실내석으로 나뉜다.

지도 P.100-F
위치 디 몰에서 스테이션 1 방향으로 도보 약 10분, 스타벅스 옆
오픈 10:00~23:00
요금 오징어 바비큐 375P, 감바스 265P
전화 036-288-1458
홈피 www.gerrysgrill.com

RESTAURANTS

티브라즈
Tibraz

화이트 비치에 어울리는 밝고 경쾌한 레스토랑으로, 숙소와 함께 운영하고 있다. 내부는 바와 바 주변에 일자로 배치한 테이블이 전부인 소박한 공간이지만 화이트 비치와 마주하고 있어 특별하다. 와이파이도 무료로 제공한다. 주인이 프랑스인으로 프렌치 어니언 수프와 감자 요리가 맛있다. 파스타 종류도 무난하게 맛있는 편이며 프랑스식 감자파이 포테이토 미트 카세롤 Potato Meat Casserole(285P)도 독특하다. 일주일에 한 번씩 파스타 뷔페를 열기도 한다.

지도 P.100-F
위치 디 몰을 등지고 화이트 비치를 따라 걷다 보면 오른쪽에 위치
오픈 07:00~23:30
요금 아침 식사 110P~, 파스타 225P~(봉사료 10% 별도)
전화 036-288-1667

RESTAURANTS

주주니
Zuzuni

레드 컬러가 강렬하고 고혹적인 분위기를 연출하는 그리스 음식점으로 벽면에는 다양한 수상 경력을 알리는 홍보물을 붙여놓았다. 조용하고 차분한 분위기에서 디너나 음료를 즐기고 싶은 이들에게 추천할 만하다. 그리스 음식인 수블라키와 무사카 Moussaka가 추천 메뉴이고 인기 디저트인 마티 초콜릿 신 Mati Chocolate Sin은 따뜻한 초콜릿과 아이스크림의 달콤한 궁합이 환상적이다. 조그마한 부티크 숙소도 함께 운영하고 있다.

지도 P.100-F
위치 마냐나에서 스테이션 1 방향으로 1분
오픈 07:00~24:00
요금 무사카 360P, 마티 초콜릿 신 250P(부가세 10% 별도)
전화 036-288-4477

RESTAURANTS

카스바
Kasbah

보라카이에서도 가장 아름다운 해변인 스테이션 1의 명당자리에 위치한 모로칸 레스토랑이자 시샤 라운지. 모로코 스타일의 이국적이고 매력적인 분위기가 저절로 발걸음을 멈추게 한다. 쿠스쿠스, 모로코식 케밥과 소시지, 해산물 플래터 등 식사 메뉴가 다양해 모로코의 맛을 체험할 수 있으며 모로코식 물 담배인 시사도 있다. 해변 모래사장 바로 위에 방석이 깔려 있어 편하게 앉아 해변의 정취를 느낄 수 있다. 해가 진 후 저녁에 무르익은 분위기 속에서 다양한 칵테일을 맛보며 이국적인 모로코의 매력에 취해보자.

지도 P.100-D
위치 스테이션 1, 디스커버리 쇼어 옆
오픈 09:00~22:00
요금 오징어 그릴 360P, 믹스 플래터 1145P
전화 036-288-4790
홈피 www.kasbahboracay.com

RESTAURANTS

하와이안 바비큐
Hawaiian Bar-B-Que

대표 메뉴는 '하와이안 베이비 백 립'으로 파인애플을 곁들여 달짝지근한 소스로 구운 바비큐는 양도 푸짐하고 맛도 좋아 인기 있다. 가스트호프와 함께 바비큐 레스토랑을 대표하는 곳이었는데, 두 곳 모두 최근 들어 맛이 들쑥날쑥하다는 평이 있다. 하지만 여행자들은 한 번쯤 들러볼 만하다.

지도 P.100-F
위치 디 몰에서 스테이션 1 방향 비치 로드
오픈 10:00~ 22:30
요금 오리지널 하와이안 베이비 백립 380~990P
전화 036-260-2246

> RESTAURANTS

요나스
Jonah's

셰이크 하나만으로도 유명해질 수 있다는 것을 몸소 증명한다. 해변을 접한 작은 공간을 아기자기하게 꾸며놓고 셰이크와 샌드위치 등 간단한 음식과 음료를 판매한다. 망고 셰이크 등 클래식한 음료와 함께 다양한 과일과 초콜릿 등 다른 재료를 첨가해 만든 창의적인 셰이크를 선보인다.

지도 P.100-E
위치 조니스 비치 리조트와 비치콤버 사이
오픈 06:00~다음 날 03:00
요금 셰이크 95P~(봉사료 10% 별도)
전화 036-288-3281

> RESTAURANTS

오바마 그릴 바 & 레스토랑
Obama Grill Bar & Restaurant

스테이션 1 근처에선 드물게 세련되고 번듯한 레스토랑이다. 그래서인지 서양인 여행자들이 많은 편. 레스토랑 내부도 깔끔하지만 맛도 깔끔하고 괜찮다는 평이 많다. 저녁이면 화이트 비치를 향한 테이블에 앉아 여유 있게 맥주나 칵테일 한잔하기 좋고 분위기도 운치 있다. 해산물부터 육류까지 다양한 그릴과 바비큐 요리가 준비되어 있으며 간단한 어니언 링이나 디저트 등 단품 메뉴도 갖추었다.

지도 P.100-E
위치 요나스에서 스테이션 1 방향으로 도보 2분
오픈 11:30~23:00
요금 시즐링 불랄로 299/450P, 어니언 링 155P, 오바마 립스 600~990P
전화 036-288-4971

RESTAURANTS

수르 레스토랑
Sur Restaurant

수르 리조트에서 운영하는 레스토랑으로 아름다운 해변에 나무로 만든 방갈로 위에서 식사를 즐길 수 있어 섬의 낭만을 누리기에 제격이다. 가벼운 샌드위치와 같은 메뉴부터 파스타, 바비큐 립, 해산물을 이용한 요리까지 다양한 메뉴를 갖추고 있는데, 낮보다도 해가 진 후 해변의 낭만을 즐기면서 식사하기에 좋다. 오후의 해피 아워를 이용하면 산미구엘을 50P에 즐길 수 있다.

지도 P.100-D
위치 스테이션 1, 수르 리조트 앞 해변
오픈 10:00~23:00
요금 파스타 230P, 오징어 링 180P
전화 036-288-6844
홈피 www.surboracay.com

RESTAURANTS

알 프레스코
Al Fresco

앰버서더 인 파라다이스 리조트에서 운영하는 레스토랑. 해가 지고 나면 야자수에 조명이 들어오면서 분위기가 로맨틱하게 물든다. 이탈리안 레스토랑으로 파스타, 피자 등의 메뉴가 대표적이며 스테이크, 해산물 요리 등도 맛볼 수 있다. 잔잔한 기타 연주와 라이브 공연도 함께하고 있으니 스테이션 1에서 분위기를 잡으며 디너를 즐기고 싶을 때 추천한다.

지도 P.100-D
위치 스테이션 1, 앰배서더 인 파라다이스 앞 해변
오픈 07:00~23:00
요금 피자 195P~, 폭 찹 525P(부가세 10%)
전화 036-288-1541
홈피 www.ambassadorinparadise.com

> RESTAURANTS

비치 헛 바
Beach Hut Bar

생과일 스무디 전문점으로 기다란 호리병과 같은 통에 음료를 담아줘서 더 재미있다. 달콤한 망고 셰이크부터 딸기, 바나나, 수박 등 종류가 다양하고 맛도 아주 좋다. 셰이크는 199P인데 통 값이 100P라서 99P만 더 내면 음료를 채워 먹을 수 있다. 기다란 통에 담아줘 편리하기도 하고 어디서도 눈에 확 띄는 모양이라 재미도 있다. 달콤하고 시원한 스무디를 마시면서 화이트 비치를 활보해보자.

지도 P.100-F
위치 스테이션 2, 더 디스트릭트 리조트에서 스테이션 1 방향으로 도보 2분
오픈 10:00~22:00
요금 망고 탱고 199P, 코코넛 쿨러 149P
전화 036-288-2703

> RESTAURANTS

가든 카페
Garden Café

파티오 퍼시픽에서 운영하는 레스토랑. 호텔 부속 레스토랑인데다 해변과 접하지 않아 한가로운 분위기다. 이곳에선 저렴한 가격에 알찬 세트 메뉴를 맛볼 수 있는데, 세트는 총 여섯 가지로 웨스턴부터 필리핀 스타일까지 다양한 조합이 특징이다. 세트 메뉴에는 과일 샐러드나 바나나 플래터, 망고 크레페 같은 디저트도 포함되며 시원하고 새콤달콤한 프로즌 아이스티까지 딸려 나온다. 음식 맛도 대체로 깔끔하고 서비스도 좋은 편이다.

지도 P.100-F
위치 파티오 퍼시픽 내
오픈 11:00~23:00
요금 세트 메뉴 275~395P(봉사료 10% 별도)
전화 036-845-2222
홈피 www.patiopacificboracay.com

RESTAURANTS

오제이스 그릴
OJ's Grill

다양한 나라에서 공수된 특이한 맥주와 놀랄 만한 음식 맛에 매료된 손님들이 많다. 특히 입에서 살살 녹는 베이비 백립은 이 일대의 어느 집에 비교해도 밀리지 않는다. 줄 서지 않으면 먹기 힘들거나 아예 단체 예약에 밀려 자리가 없는 다른 식당에 비하면 아직은 호젓하게 식사를 즐길 수 있다. 입구가 눈에 잘 띄지 않는데다 안쪽으로 쑥 들어가 있는 구조라 마냐냐에서 북쪽으로 걸으며 꼼꼼하게 살피며 찾아가도록 하자.

지도 P.100-F
위치 화이트 비치 북쪽, 마냐냐 근처
오픈 10:00~24:00
요금 샐러드 125P~, 베이비 백립 340P~, 로스트 치킨 280P
전화 036-288-2155
홈피 www.facebook.com/OJsROASTBAKEGRILL

RESTAURANTS

파마나 레스토랑
Pamana Restaurant

100년 가까이 3대에 걸쳐 필리핀 홈메이드 스타일 음식을 선보이는 레스토랑. 내부로 들어가면 매력적인 보라색 벽면에 가득한 사진들로 그 역사를 엿볼 수 있다. 대표적인 메뉴로는 불랄로가 있는데 한국의 갈비탕과 비슷한 맛으로 소뼈를 오랫동안 고아 만든 필리핀식 수프이다. 3가지 맛의 아도보를 한 번에 먹을 수 있는 3 ways Adobo도 인기 메뉴.

지도 P.100-F
위치 스테이션 1, 마냐냐 옆에 위치
오픈 11:00~22:00
요금 시니강 130P, 카레카레 375P
전화 036-288-2674

RESTAURANTS

주점부리
酒店부리

심플한 나무 탁자와 테이블로 아기자기한 분식집 분위기를 낸 한식당이다. 가격도 저렴하고 음식도 깔끔한 편. 특히 떡볶이는 맛이 좋고 양도 푸짐하다. 두툼한 돈가스도 평이 좋다. 배달도 가능해 출출한 밤, 야식으로도 좋다.

지도 P.100-E
위치 아스토리아 맞은편
오픈 18:00~02:00
요금 떡볶이 270P, 냉채족발 750P
전화 036-288-4789

NIGHTLIFE

클럽 팔라우
Club Paraw

클럽 팔라우는 양옆에 위치한 두 곳과 마찬가지로 신나는 음악과 나이트라이프를 즐기려는 사람들로 시끌벅적한 분위기다. 음악은 R&B부터 힙합, 하우스 등 장르를 가리지 않고 흥겨운 분위기를 연출한다. 가끔씩 작은 무대에서 댄스 공연이나 유명 DJ의 공연이 열리는 특별한 날이면 발 디딜 틈이 없을 정도로 분위기가 달아오른다.

지도 P.100-E
위치 북쪽 화이트 비치에 위치. 코코망가스 건너편
오픈 15:00~다음 날 03:00
요금 칵테일 120P~(부가세 12% 별도)
전화 036-288-6151

NIGHTLIFE

코코망가스
Cocomangas

보라카이 나이트라이프의 산 역사 같은 곳이다. 중앙에 작은 홀이 무대 역할을 하기 때문에 다른 곳에 비해 춤추기 좋은 조건이다. 피자가 맛있기로 유명해 포장해 가거나 배달을 시키는 사람들도 많다. 최근 디 몰 쪽에도 신점이 생겼다.

지도 P.100-E / P.70-A(신점)
위치 디 몰에서 트라이시클 이용, 약 2km
오픈 18:00~다음 날 03:00
요금 칵테일 130P~
전화 036-288-6384(피자 주문 036-288-4455)

NIGHTLIFE

길리스 아일랜드
Guilly's Island

비치에 일렬로 몰려 있는 3개의 바 중에서 가장 젊은 분위기라고 할 수 있다. DJ 박스에서 흘러나오는 쿵쿵대는 비트 소리를 듣다 보면 자기도 모르게 절로 어깨가 들썩일 것. 따로 무대는 없지만 자리에서 일어나 흥겹게 춤추는 사람들이 분위기를 한층 업시킨다. 오전 11시부터 오후 9시까지는 해피 아워로 맥주를 반값에 즐길 수 있다.

지도 P.100-E
위치 클럽 팔라우 옆
오픈 10:00~다음 날 03:00
요금 슈터스 143P, 마가리타 185P(부가세 12% 별도)
전화 036-288-4647

SPA

빅터 오르테가 아일랜드 스파
The Victor Ortega Island Spa

규모가 꽤 큰 마사지 전문 숍으로 어깨 마사지를 위한 전문 체어 등도 꼼꼼하게 갖추었다. 마사지뿐 아니라 헤어 살롱도 겸하고 있는데 호텔에 출장을 다닐 정도로 커트 솜씨가 좋은 편이라고. 가격도 합리적인 편이니 느지막이 하루 일정을 끝내고 부담 없이 들러보자. 사우나와 결합된 다양한 패키지 메뉴도 갖추고 있다.

지도 P.100-E
위치 스테이션 1, 메인 로드 메트로 뱅크 2층
오픈 08:00~22:00
요금 시아쓰 500P(60분), 스웨디시 400P(60분), 풋 릴랙스 250P(30분)
전화 036-288-2044

SPA

칸 스파
Khan Spa

화이트 비치를 바라보고 있는 목 좋은 자리에 새롭게 문을 연 스파. 가격도 부담 없는 수준이고 시설도 쾌적해 가볍게 마사지를 받기 좋다. 계단을 올라 2층에 있으며 입구에 들어서면 발 마사지를 받을 수 있는 의자가 일렬로 놓여 있다. 통유리창 너머로 화이트 비치를 바라보면서 시원하게 발 마사지를 받을 수 있다는 점이 최고의 메리트다. 전신 마사지는 안쪽에 있는 룸에서 받는데, 아로마 오일을 사용하는 오일 마사지와 오일을 사용하지 않는 드라이 마사지 중 고를 수 있다. 주변에 하와이안 바비큐, 마냐나와 같은 인기 맛집이 가까워 식사 전 후로 받기도 좋다.

지도 P.100-F
위치 레알 마리스와 민트 바 사이. 2층
오픈 10:00~21:00
요금 드라이 마사지 600P(60분), 아로마 오일 마사지 800P(60분)
전화 036-288-2440

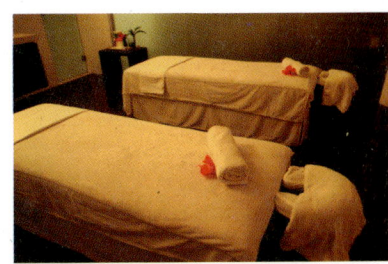

SPA

네오 스파
Neo The Island Spa

해변에 위치해 시원한 전망을 자랑하는 네오 스파는 건물이 독립적으로 자리하고 있고 널찍널찍해 휑한 느낌이 들기도 한다. 에어컨 시설을 완비한 5개의 트리트먼트 룸이 있다. 다른 곳과 달리 마일드하게 시작해 섬세하고 세심한 손놀림이 인상적인데 강한 마사지를 원한다면 만족도가 떨어질 수도 있지만 강약 조절이 가능하니 테라피스트에게 요구해보자. 시그너처 마사지로는 혈액순환을 원활히 하고 에너지를 충전해주는 마일드한 젠 보디워크, 강한 마사지를 원한다면 스웨디시나 딥티슈 마사지를 추천한다.

지도 P.100-D
위치 펄 오브 더 퍼시픽 해변가
오픈 14:00~23:00
요금 젠 보디워크 1500P(90분), 시셀 마사지 1200P(60분), 스웨디시 마사지 1000P(60분)
전화 036-288-3220

SPA

아일랜드 풋스파
Island Footspa

상큼한 노란색 외관의 아일랜드 풋스파는 비치 로드에서도 쉽게 눈에 띈다. 총 6개의 좌석을 갖춘 작지만 실속 있는 곳이다. 풋 마사지와 풋 스크럽에 포커스를 맞춘 곳으로, 합리적인 가격과 서비스로 여행자들뿐만 아니라 현지인들에게도 꾸준한 인기를 얻고 있다. 매니큐어와 페디큐어도 각 275P로 저렴한 편이니 기분 전환용으로 이용해볼 만하다.

지도 P.100-F
위치 하와이안 바비큐 옆
오픈 10:00~23:00
요금 풋 마사지 550P(1시간), 마사지 + 풋 스크럽 880P, 페디큐어 275P
전화 036-260-2302

[STAYING]

더 린드
The Lind

2015년 오픈해 보라카이의 고급 리조트 중 하나로 손꼽히며 인기를 누리고 있다. 투숙객의 프라이버시와 밀착 서비스를 중요하게 생각해 까띠끌란 선착장에서 직원이 대기하며 투숙객을 맞이하는데, 이때 붙여준 짐표를 소지하고 있지 않으면 리조트 출입을 불허한다. 객실은 새로 오픈한 곳답게 산뜻하고 쾌적하게 잘 관리되고 있으며, 공간도 여유로운 편이다. 2개의 수영장이 있는데 로비 쪽에 있는 수영장은 화이트 비치가 한눈에 내려다보이는 환상적인 인피티니 풀로 로맨틱한 분위기를 자아낸다. 메인 수영장은 꽤 규모가 큰데다 여러 공간으로 나뉘어 있어 가족 단위 투숙객이 선호한다.

지도 P.100-D
위치 스테이션 1쪽, 프라이데이스와 바로 옆에 붙어 있다.
요금 디럭스 US$350~
전화 036-288-1058, 1059
홈피 www.thelindhotels.com/

> STAYING

디스커버리 쇼어
Discovery Shores

2007년에 오픈한 디스커버리 쇼어는 전문적인 손길이 느껴지는 일관성 있는 디자인과 쾌적한 룸 상태, 몸에 밴 서비스 등 진정 리조트다운 리조트라 할 수 있는 곳이다.

총 10개의 빌라에 88개의 룸을 갖추고 있고 룸은 다섯 가지 타입으로 나뉜다. 전체적으로 세련된 느낌에 군더더기 없이 깔끔한 스타일. 보송보송한 침구는 시원한 블루 톤으로 포인트를 주어 무척 감각적이다. 욕실은 의외로 심플하며 모든 방에 아이팟이 준비되어 있고 무선 인터넷을 사용할 수 있다.

딜럭스 룸은 2층 구조이며 야외 테라스에 있는 저쿠지가 차이점이다. 사방이 뚫려 있어 프라이빗하지는 않지만 화이트 비치를 바라보며 뜨끈한 저쿠지를 즐기는 것도 좋을 듯.

수영장을 가운데 두고 둘러싸고 있는 건물 형태는 다소 답답한 느낌을 주지만 녹지와 인공 절벽을 설치하는 등 여러모로 신경 쓴 흔적이 느껴진다.

지도 P.100-D
위치 디 몰에서 스테이션 1 방향으로 트라이시클로 5분 소요, 프라이데이스 옆
요금 주니어 스위트 US$485~
전화 036-288-4500
홈피 www.discoveryshoresboracay.com

> STAYING

시 윈드 리조트
Sea Wind Resort

리조트 바로 앞에 펼쳐진 눈부신 해변과 시원한 정원 하나만으로도 이 리조트에 묵을 이유는 충분하다. 이름에서 알 수 있듯 자연 친화적인 콘셉트로 1997년 문을 열었다. 화이트 비치 쪽에 32개의 딜럭스 룸을 포함한 총 52개의 룸이 있는 숙소와 메인 로드 쪽에 17개 객실의 빌라 동을 함께 운영하는데, 화이트 비치 쪽 건물과 객실은 동시에 지은 것이 아니라서 건물에 따라 객실 상태에 차이가 있다. 자연적인 소재로 이루어진 방도 있고, 콘크리트로 꾸민 방도 있다. 수영장과 주변 공간이 여유롭고 해변을 즐길 수 있는 시설을 비교적 잘 갖추었다.

지도 P.100-D
위치 디 몰 북쪽, 프라이데이스 가기 전
요금 딜럭스 US$148~
전화 036-288-3091
홈피 www.seawindboracay.com.ph

> STAYING

앰배서더 인 파라다이스
Ambassador in Paradise

종종 눈에 띄는 겉만 번드르르한 실속 없는 리조트들과는 달리 나름 알차고 스타일 있는 리조트다. 객실이 앞으로 둥글게 튀어나온 독특한 건물 사이로 운치 있는 수영장이 자리하고 있다. 프리미어 오션뷰를 비롯해 대부분의 객실이 화이트 비치를 향하고 살짝 높은 곳에 있어 전망이 탁월하다. 곧 스파, 기념품 숍, 살롱 등 다양한 편의 시설을 보강할 예정이다.

지도 P.100-D
위치 스테이션 1 화이트 비치 북단 디스커버리 쇼어 옆
요금 프리미어 오션 뷰 US$345~
전화 036-288-1541
홈피 www.ambassadorinparadise.com

> STAYING

프라이데이스
Friday's

디스커버리 쇼어가 문을 열기 전까지만 해도 꽤 오랫동안 보라카이 최고급 리조트로서 명성이 높았다. 오래되어 낡은 느낌에 관리가 약간 소홀해진 면도 보이지만 섬에 어울리는 트로피컬한 분위기와 프라이빗한 코티지 스타일 숙소를 찾는다면 프라이데이스만 한 숙소도 없다.

지도 P.100-D
위치 화이트 비치 최북단
요금 딜럭스 US$ 250~
전화 036-288-6200
홈피 www.fridaysboracay.com

에스콘디도 비치 리조트
Escondido Beach Resort

에스콘디도는 건물이나 객실 모두 필리핀 역사의 중요한 유산인 스페인 스타일에 충실하며 건물에 어울리는 정원으로 트로피컬한 느낌을 더했다. 직원들도 능동적인 서비스를 제공한다. 위치는 메인 로드 안쪽으로 들어가 있지만 그 때문에 화이트 비치의 어느 숙소보다 더 프라이빗한 느낌이 들어 투숙자들에게는 장점이 된다.

지도 P.100-E
위치 윌리스 메인 로드 건너편에 있는 성당 뒤편, 해변까지 약 100m
요금 딜럭스 US$235~
전화 922-640-1981
홈피 www.escondidoboracay.net

카사 피에스타 리조트
Casa Fiesta Resort

카사 피에스타 리조트는 언뜻 가정집처럼 보이기도 하는 작은 규모의 숙소다. 규모만큼이나 내부 또한 심플하다. 별다른 장식 없이 깔끔하게 정돈된 방이 인상적이다. 규모가 작아도 객실에 갖출 것은 다 갖추어져 있다. 큼지막한 침대와 탁자, 테이블, TV, 에어컨, 냉장고까지 투숙객에게 불편함이 없도록 만전을 기했다. 객실은 딜럭스 룸 이외에도 어른 4명이 숙박할 수 있는 패밀리 룸도 갖추었다. 특히 2층 객실에는 테라스가 딸려 있는데 화이트 비치가 한눈에 들어와 오성급 호텔 못지않은 경치를 감상할 수 있다.

지도 P.100-F
위치 스테이션 1 쪽, 스타벅스 근처
전화 036-288-3898
홈피 www.facebook.com/pages/Casa-Fiesta-Resort-Boracay/136082259811428

STAYING

레드 코코넛
Red Coconut

근방에서 보기 드문 4층 건물로 신관의 객실은 모두 바다 쪽을 향하고 있어 전망이 좋다. 아름다운 화이트 비치를 바로 앞에 두고 있는 것도 장점이다. 활기차고 밝은 분위기로 건물 앞에 비치 로드 쪽으로 수영장이 있어 시원한 전망을 자랑한다. 신관에는 총 24개의 객실이 있으며 높을수록 전망이 좋다. 뒤쪽에는 트로피컬한 분위기가 물씬 풍기는 방갈로 스타일의 구관이 있는데, 6명에서 10명까지 수용 가능한 패밀리 룸도 있어 가족 여행 시 고려해볼 만하다.

지도 P.100-F
위치 비치 로드 디 몰 입구에서 스테이션 1 방향으로 도보 3분
요금 딜럭스 US$180~
전화 036-288-3507
홈피 www.redcoconut.com.ph

STAYING

햄스테드 보라카이 부티크 호텔
The Hampstead Boracay Boutique Hotel

새롭게 문을 연 호텔로 이름처럼 부티크 스타일로 독특한 구조와 감각적인 센스가 돋보인다. 원형 계단을 따라 올라가면 8개의 객실이 나오며 갓 오픈한 만큼 객실 상태가 뛰어난 편이다. 메인 로드에서 더 안쪽으로 들어가는 위치라 접근성은 떨어지는 편이지만 조용하게 쉬기 좋다. 게스트를 위해 자전거를 빌려주고 있으며 호텔에서 운영하는 8H Bistro 레스토랑은 음식 수준이 뛰어나 숙박객이 아니어도 찾아오는 곳이니 들러보자.

지도 P.100-E
위치 스테이션 1 지역, 메인 로드에서 도보 약 3분. 에스콘디도 호텔 옆
요금 슈피리어 US$110~
전화 036-288-2469
홈피 www.hampsteadboracay.com

`STAYING`

크라운 리젠시 프린스 호텔
Crown Regency Prince Hotel

크라운 리젠시 컨벤션 센터와 같은 그룹의 호텔이다. 해변 쪽에 접해 있진 않지만 눈에 잘 띄는 메인 로드에 자리하며 같은 건물에 퀵 마트가 있어 편리하다. 딜럭스 룸은 깔끔한 편으로 12세 미만 아이는 2명까지 추가 요금 없이 투숙할 수 있어 경제적이다.

지도 P.100-F
위치 메인 로드 디 몰에서 스테이션 1 방향으로 약 1km
요금 딜럭스 US$70~
전화 036-288-1088
홈피 www.crownregency.com

`STAYING`

아스토리아
Astoria

아담한 규모의 아스토리아 입구에 들어서면 가장 먼저 눈에 들어오는 것이 수영장과 수영장 주변에 놓여 있는 스타일리시한 선 베드, 그리고 그 주위에 배치된 풀 액세스 룸이다. 하얀색으로 깔끔하게 단장한 외관과 마찬가지로 객실 내부도 상당히 깔끔하다. 객실은 꽤 여유로운 공간이며 오렌지, 민트, 그린 등의 색을 테마로 정갈하게 꾸며져 있다.

지도 P.100-E
위치 스테이션 1, 하와이안 바비큐에서 스테이션 1 방향으로 도보 2분
요금 딜럭스 US$200~
전화 036-288-1111
홈피 www.astoriaboracay.com

[STAYING]

에스타시아 우노
Estacia Uno

크지 않은 규모의 숙소지만 꽤 세련되고 우아한 느낌으로 인기가 많다. 메인 로드 쪽의 포스 있는 입구를 지나 안쪽으로 들어가면 로비와 수영장, 비치 순으로 눈에 들어온다. 수영장은 규모가 작지만 객실을 따라 배치되어 있어 풀 액세스 룸에서는 수영장과 방이 바로 연결된다. 수영장 앞 레스토랑은 분위기가 좋아 저녁 뷔페 시간에 특히 인기가 좋다.

지도 P.100-E
위치 스테이션 1, 펄 오브 더 퍼시픽 바로 옆. 디 몰에서 도보 약 7분
요금 스탠더드 US$178
전화 036-288-5556
홈피 estaciounoboracay.com

[STAYING]

더 디스트릭트
The District

비교적 최근에 오픈한 리조트로 화이트 비치 스테이션 1과 디 몰 사이에 위치해 점점 인기를 얻고 있다. 네모반듯한 건축 양식이 모던하면서도 세련된 분위기를 풍기고, 객실도 밝고 모던한 스타일로 중급 이상의 호텔을 찾는 여행자들에게 잘 어울린다. 단점이라면 수영장이 무척 작은 편(15㎡)이라서 수영장을 중요하게 여긴다면 아쉬울 수 있다. 까띠끌란 공항까지 픽업, 샌딩을 제공하고 있으니 미리 요청해보자.

지도 P.100-F
위치 디 몰에서 스테이션 2 방향으로 도보 약 5분
요금 딜럭스 US$190~
전화 036-288-2324
홈피 www.thedistrictboracay.com

> STAYING

파티오 퍼시픽
Patio Pacific

비치 로드에서 건물이 보이지 않기 때문에 존재감은 떨어지지만 깔끔한 객실에 규모가 큰 수영장을 갖추고 있다. 건기에는 바다 자체가 수영장이나 마찬가지이므로 수영장에 대한 아쉬움이 덜하니 파도가 거칠어지는 우기에 이 숙소의 장점은 더 커진다고 볼 수 있다. 메인 로드를 중심으로 객실 건물과 리셉션 건물로 나뉘었다는 점이 살짝 불편할 수 있지만 직원들도 활기차고 친절하며 전반적으로 관리가 잘되어 있다.

지도 P.100-F
위치 메인 로드 아리랑 옆
요금 딜럭스 US$95~
전화 036-845-2222
홈피 www.patiopacificboracay.com

> STAYING

크리스털 샌드
Crystal Sand

가격 대비 만족도 높은 인기 숙소로 다시 찾는 고객이 많다. 비치 로드에서 볼 때 이 호텔은 2층 붉은 기와 양옥집처럼 보이고 꽃 장식이 흰색 건물과 잘 어울려 눈길을 끈다. 17개의 객실은 세 가지 룸 타입으로 나뉘고, 콘크리트 건물이라 자연적인 멋이 덜한 대신 깔끔함과 편리함을 강조한 숙소다. 최고의 위치에 무난한 객실과 가격이 무기다.

지도 P.100-F
위치 스테이션 1, 레드 코코넛 옆
요금 스탠더드 US$75~
전화 036-288-3149
이메일 crstalsnd@globelines.com.ph

> STAYING

헤븐 스위트
Haven Suites

중저가의 수준 있는 숙소를 찾기 힘든 보라카이에서 반가운 숙소. 82개의 객실을 갖춘 아담한 호텔이지만 최근에 오픈해 객실 컨디션도 좋고 관리도 잘 되고 있는 편. 해변에 바로 접하고 있지 않지만 도보 2분이면 해변으로, 도보 5분이면 디 몰로 접근이 가능해 편리하다. 조식을 먹는 레스토랑과 예쁜 조명 덕에 밤이면 더욱 분위기가 좋아지는 수영장도 갖추고 있다.

지도 P.100-F
위치 디 몰 메인 로드 쪽에서 화이트 비치 북쪽으로 도보 약 5분
요금 디럭스 US$100~
전화 036-288-4493

STAYING

펄 오브 더 퍼시픽
Pearl of the Pacific

해변을 접한 콘크리트 건물은 전통 지붕 때문에 대형 코티지 같은 느낌을 준다. 11실의 스위트룸과 51실의 딜럭스 룸으로 이루어져 있다. 메인 로드 건너편에 새로 지은 건물에도 메인 딜럭스 룸이 있다. 화이트 비치를 넓게 접하고 있어 해변 이용이 편리하다.

지도 P.100-D
위치 에스타시오 우노와 시 윈드 리조트 사이
요금 일반 룸 US$88~
전화 036-288-3220
홈피 www.pearlofthepacific.ph

STAYING

투 시즌스
Two Seasons

건기와 우기 2개의 계절을 의미하는 투 시즌스는 2007년 미니멀리즘과 자포니즘을 표방하며 문을 연 리조트다. 객실은 세련되고 깔끔하며 방에 비해 욕실이 크고 채광이 잘되는 장점이 있다. 보기 드물게 젊은 취향이며 좁게나마 비치 로드를 접하고 있다는 것이 장점.

지도 P.100-D
위치 스테이션 1, 수르 리조트 옆
요금 딜럭스 US$200~
전화 036-415-4652

STAYING

난다나 보라카이
Nandana Boracay

스테이션 1에 새롭게 문을 연 호텔로 4층 건물로 이루어져 있다. 바로 앞에 화이트 비치가 있고 디 몰과 가까워 접근성은 탁월하다. 건물이 'ㄷ'구조로 중앙에 아담한 수영장을 객실이 감싸고 있다. 전체적으로 모던한 스타일로 객실은 쾌적하다. 위치는 좋지만 수영장이 작고 부대시설이나 객실에 비해 가격이 다소 높은 편이다.

지도 P.100-F
위치 스테이션 1, 디 몰에서 도보 약 3분
요금 딜럭스 US$190~
전화 036-726-0363
홈피 www.nandanaboracay.com

SPECIAL

보라카이 나이트 스폿 비교

화이트 비치는 해가 지고 밤이 되면 또 다른 매력을 발산한다. 비치를 따라 어둑어둑한 해변에 엉성하지만 그것마저 멋스러워 보이는 테이블과 의자가 하나둘 놓이고 감미로운 통기타 소리와 더불어 열대의 밤을 뜨겁게 달궈줄 음악이 울려 퍼지기 시작한다. 비치를 따라 쭉 이어지는 나이트 스폿 중에서 내게 맞는 곳이 어딘지 살펴보자.

이름	위치	분위기	특징
코코망가스 p.109	길리스 아일랜드 건너편, 메인 로드	보라카이 나이트라이프의 터줏대감. 세련된 맛은 떨어지지만 가장 신나게 춤추고 놀기 좋은 곳. 특히 주말 밤은 열기로 후끈 달아오른다.	알콜에 강하다면 독한 칵테일 15잔을 마시는 '스틸 스탠딩 애프터 15 Still Standing after 15'에 도전해보는 건 어떨까? 성공하면 바 한쪽에서 이름을 새긴 티셔츠도 준다니 재미있는 추억이 될 듯.
길리스 아일랜드, 클럽 팔라우 p.109	화이트 비치 북쪽, 두 곳이 나란히 붙어 있다.	두 곳 모두 비슷한 스타일로 젊은 분위기에 시끌벅적한 음악이 쾅쾅 울려 퍼진다. 무대는 따로 없지만 그 자리에서 자연스레 춤추는 분위기. 신나는 음악에 몸을 맡겨보자.	두 곳이 나란히 자리 잡고 있으니 이곳저곳 옮겨 다니며 즐겨보자.
봄 봄 p.91	디 몰 근처, 카페 델 솔 옆	가슴 설레는 열대의 낭만을 제대로 맛보고 싶다면 봄 봄으로 오라! 모래사장 위에서 파도 소리와 함께 들려오는 감미로운 노래는 잊지 못할 보라카이의 밤을 수놓아줄 것이다.	시끌벅적한 분위기보다는 잔잔한 분위기를 원하는 이들에게 안성맞춤.
서머 플레이스 p.140	플라조레타 옆	춤추는 분위기가 부담스럽다면? 이곳은 적당히 신나는 라이브 음악을 즐기는 편안한 분위기! 낯선 이와도 금세 마음을 열고 친구가 될 수 있다.	몽골리안 그릴 부페도 있으니 배부터 든든히 채우고 놀아보자.
옴 바 p.141	스테이션 3쪽	댄스 타임 없이도 편안하고 여유롭게 즐길 수 있는 분위기이다.	최근 가장 핫한 바로, 해변에 비치된 알록달록한 쿠션에 앉아 망중한을 즐길 수 있다.
솔스티지 선 라운지 p.91	디 몰 내 타이드 내에 위치	다른 바들과 달리 세련된 느낌의 루프톱 바로, 조명이 어우러져 분위기가 좋다.	지붕 없는 건물 옥상이라는 환경과 주변 건물 전망이 이색적이다.
레드 파이러츠 펍 p.141	화이트 비치 남쪽 끝	이보다 히피스러울 수는 없다! 신나는 라이브도 화려한 조명도 없지만 몽환적 분위기와 잔잔히 흐르는 레게 음악에 잠시 히피의 자유로움을 느껴보자.	화이트 비치 남쪽 끝에 위치해 시내 중심에서 멀다는 것이 단점이다. 메뉴가 정말 간단하니 미리 든든히 배를 채우고 가자.

SPECIAL

화이트 비치 100배 즐기기

세계에서 손꼽히는 해변

화이트 비치의 길이는 약 3.5km로 보라카이 섬 길이의 절반에 해당된다. 만으로 형성되지 않고 일자로 뻗었기 때문에 답답하지 않고 시원하다. 화이트 비치라는 이름은 이 해변의 모래가 워낙 눈부시게 흰 데서 유래한 것이다.

만약 11월부터 5월 사이에 이곳을 찾는다면 파도가 전혀 없는 화이트 비치를 만날 수 있다. 일자로 뻗은 화이트 비치가 호수처럼 펼쳐진 모습은 마치 마술을 보는 느낌이다. 시기에 따라 방향이 달라지는 '바람이 보여주는 마술'이다. 우기에는 블라복 비치를 포함한 반대편의 해변이 호수가 된다.

카메라를 처음 잡은 아마추어라도 화이트 비치에서는 마치 엽서에 나오는 풍경 같은 사진을 찍을 수 있다. 공해 없는 청정한 공기와 아름다운 바다와 해변, 그리고 장식처럼 떠 있는 팔라우는 어딜 찍어도 완벽한 그림을 만든다. 화이트 비치는 서쪽을 향해 있어 어디에서든 멋진 일몰을 감상할 수 있다.

화이트 비치의 비치 로드는 모래사장이 그대로 이어진 보행자 전용 도로이며, 화이트 비치의 인간적이면서 편안한 분위기를 완성하는 요소다. 해변을 마주 보고 반대쪽에 호텔과 식당, 바 등이 끝도 없이 이어진다. 이렇게 세계적인 해변을 접한 길에 보행자가 맨발로도 다닐 수 있게 조성한 곳은 극히 드물다. 아스팔트가 깔리지 않고 해변의 일부로 남아 있는 것은 여행자들에게는 큰 축복이다.

밀가루처럼 고운 모래, 에메랄드빛 투명한 바다, 멋진 일몰을 포함해 비치 로드의 아기자기한 가게와 아담한 호텔들 사이를 맨발로 걷다가 마음에 드는 곳에 들어갈 수 있는 자유까지, 화이트 비치에서는 지극히 자연스럽지만 가만히 생각해 보면 보면 다른 곳에서는 경험하기 힘든 즐거움이다. 화이트 비치가 세계 최고의 해변으로 꼽히는 것은 한 가지 이유 때문이 아니라 이런 복합적인 이유 덕분이다. 화이트 비치는 보라카이라는 리조트와 객실의 테라스 같은 공간이다. 바다와 세상을 향해 넓게 열려 있어 사람들에게 언제나

시원한 공기와 넓은 시야를 선사한다. 이렇게 아름다운 테라스가 있기에 사람들은 산 넘고 물 건너 어려운 길을 달려와 답답한 객실을 참을 수 있는 것이다. 보라카이에 관련한 모든 불편과 어려움은 화이트 비치에 나가보면 모두 용서가 된다.

화이트 비치의 스테이션 1·2·3

길게 뻗은 화이트 비치는 그 길이가 워낙에 길어서 해변을 3개로 나눈 뒤 스테이션 1·2·3이라고 하는 3개의 선착장을 만들었다. 칵반 선착장이 생긴 후 화이트 비치의 선착장은 없어졌지만 여전히 스테이션 1·2·3이라는 이름으로 화이트 비치를 나눠 부르고 있다. 스테이션 1은 유난히 고운 모래사장과 깨끗하고 투명한 바다를 자랑하며, 화이트 비치에서 가장 명당자리로 통한다. 덕분에 가장 값비싼 호텔들이 이곳에 모여 있다. 스테이션 2는 보라카이의 가장 번화가라 할 수 있는 디 몰과 가까워서 활동적인 여행을 즐기기 좋다. 스테이션 3은 조금 더 소박한 해변의 모습으로 과거의 원시적인 보라카이의 모습이 남아있어 자연적이고 한가로운 해변을 좋아하는 서양 사람들이 선호하는 편이다. 대체적으로 스테이션 1의 숙소 요금이 가장 비싸고 스테이션 3으로 갈수록 저렴해지는 편이다.

> **TIP** 화이트 비치의 불청객, 녹조

화이트 비치의 녹조는 그야말로 초대받지 않은 불청객 같은 존재이다. 바다와 해변의 경계면에 모이는 녹조는 사실 큰 불편함을 주지는 않지만 트레이드마크인 맑고 투명한 바다와 대비되어 더 지저분해 보인다. 대량의 녹조가 만들어내는 독소는 바다 생물이나 사람에게 나쁜 영향을 준다. 녹조 현상은 평균 이상 수온이 올라가는 엘니뇨 현상 때문으로 파도가 거의 없는 건기에 발생한다. 어떨 때는 1월부터 시작되어 2개월 동안 계속되기도 하고, 3월에 시작되어 한 달 만에 사라지기도 하는 등 시기도 종잡을 수 없다.

화이트 비치에서 최고의 하루

08:00 아침 식사
'바다가 나를 부른다!' 평소와 달리 일찍 일어나 선크림, 타월, 선글라스 등등 준비물을 챙겨 화이트 비치로 걸어 나갔다. 아, 그러고 보니 아침을 안 먹었다. 금강산도 식후경. 본격적으로 해변을 즐기기 전에 뜨거운 커피와 샌드위치로 든든하게 배를 채워야 한다. 우리의 선택은 리얼 커피.

09:00 비치 로드 산책
소화도 시킬 겸 화이트 비치의 비치 로드를 걷고 싶은 만큼 걸어보기로 했다. 어디가 제일 멋진지, 어디에서 무엇을 할지 살펴보기 위해 느긋하게 산책 시작!

10:00 해변에서 휴식
전날 산책하면서 봐둔 곳 중 가장 마음에 드는 곳, 조용하면서 유난히 모래가 고운 화이트 비치 북쪽 프라이데이스 앞 해변을 선택했다. 파라솔과 선 베드가 마음에 쏙 든다. 리조트 손님은 아니지만 망고 주스를 시켜놓고 선 베드를 사용했다. 가끔 더위도 식힐 겸 바다에 들어가 수영을 하고 선 베드에 누워 책도 읽으면서 느긋하고 달콤한 해변 휴식을 즐겼다.

12:30 점심 식사
바닷가에서 놀다가 비치 로드를 걸었다. 그리고는 해변에 있는 이탈리언 레스토랑 '아리아'에서 점심을 먹었다. 화덕에 직접 구운 피자와 진한 에스프레소 커피는 언제 먹어도 맛있다.

13:30 디 몰 쇼핑
디 몰의 숍들을 구경했다. 비치 웨어와 특이한 액세서리까지…. 아이쇼핑만 하려고 했는데 양손이 무거워졌다.

14:30 해변 마사지
해변을 돌아다니다 발견한 것은 바로 해변 마사지! 바다를 보면서 온몸을 제대로 풀어주었다.

16:00 해변에서 휴식
뜨거운 태양이 한풀 꺾인 지금이 바로 선탠을 시작할 시간. 해변에 비치 타월을 깔아두고 선탠을 즐겼다. 섹시하게, 예쁘게 타길 기대하며 귀에 이어폰을 꽂고 편안히 누워 태양을 즐기다 보니 스르륵 잠에 빠졌다.

18:00 선셋 팔라우
물빛이 조금씩 변하기 시작하며 태양이 조금씩 서쪽으로 기울었다. 태양이 온통 붉게 물들이기 전에 착하게 생긴 아저씨가 모는 팔라우를 타고 바다로 나갔다. 바람을 한껏 안은 돛과 스치는 물소리가 마음을 들뜨게 했다. 팔라우 위에서 바다와 하나가 되었다.

20:00 저녁 식사
선셋 세일링을 끝내고 저녁 식사를 하기 전에 리조트에 들러 간단히 씻고 나왔다. 깔끔한 차림으로 찾은 곳은 시 윈드 바비큐 뷔페. 별빛 아래 해변에서 원 없이 바비큐를 먹었다.

21:30 나이트라이프 탐방
바를 돌아보기로 하고, 먼저 봄 봄에서 가볍게 산 미구엘을 한잔하면서 라이브 음악과 밤바람을 즐겼다. 그런 다음 솔스티스 선 라운지 바에 올라가 살짝 분위기를 바꾸어 칵테일을 즐겼다. 시원한 음악이 가슴까지 파고드는 디스코텍 길리스 아일랜드에서 마지막을 장식했다.
신발을 손에 들고 맨발로 해변을 걸어 리조트로 돌아오는 것으로 오늘의 일정 끝!
화이트 비치, See You Tomorrow~

화이트 비치 제대로 즐기기

• 파라솔과 선 베드 대여

화이트 비치에는 많지 않지만 리조트 측에서 준비한 선 베드와 파라솔, 야외 테이블이 있다. 리조트 손님을 위해 만든 것이나 대부분 해당 업소에서 간단한 음료 등을 주문하면 사용할 수 있다. 어차피 해변에서 오랜 시간을 보낼 계획이라면 음료수나 시원한 맥주는 필수니 그리 부담이 되진 않는다. 마음에 드는 해변과 선 베드를 골라 그 업소에서 음료수를 주문하자.

• 해변 마사지

해변에서 쉬다가 아무 때나 마사지를 받을 수 있다. 보통 1시간에 350P 정도이며 해변에 누워 있으면 마사지사들이 오일을 들고 다니며 호객 행위를 한다. 친절하고 힘 좋아 보이는 마사지사를 골라 받아보자. 해변 곳곳에 마사지받는 공간이 따로 마련되어 있어 직접 찾아갈 수도 있다.

• 헤나 문신과 레게 머리

열대 해변과 잘 어울리는 헤나 문신을 하고 레게 머리를 땋을 수 있다. 보름이면 지워지는 헤나 문신은 주로 작은 노점상에서 받을 수 있으며 작은 것은 100P부터 시작한다. 해변에 누워 있으면 많은 잡상인들이 오가는데 그중 하나가 레게 머리 땋아주는 사

람이다. 비용은 머리 길이에 따라 다른데 보통 간단한 스타일은 200P부터 시작한다.

• 화이트 비치에 어울리는 비치 패션

화이트 비치에서 원피스 수영복을 입은 여자를 찾기란 하늘의 별따기다. 몸매와 상관없이 비키니가 대세. 부담스럽다면 짧은 반바지 스타일의 비치 웨어를 입거나 보라카이에서 흔한 사롱을 걸치면 된다. 비치 웨어를 파는 가게가 많고 가격도 저렴하면서 스타일이 다양하고 감각적이라 베스트 쇼핑 아이템이다. 보라카이에 어울리는 비치 웨어를 구입하고 싶다면 일단 디 몰로 가자.

• 비치에 나가기 전 챙길 준비물

선크림과 선글라스 : 동남아의 따가운 햇볕은 기미나 주근깨의 주범. 심하면 피부가 손상될 수 있다. 항상 준비하고 과도한 햇볕 노출은 삼가자. 하얀 모래가 반사되어 눈이 부시니 선글라스는 필수.

책과 음악 : 비치에서 오후 시간을 보낼 때 책과 음악이 함께한다면 더욱 풍요로운 시간이 될 것이다.

비치 타월 : 해수욕과 선탠을 하다 보면 수건이 필요하다. 선 베드 대신 모래사장에 깔고 누울 수도 있다.

사롱 : 모래 위에 누워 있을 때 깔아놓는 깔개. 보라카이에서 쉽게 살 수 있다.

TIP 선탠 요령

화이트 비치를 다니다 보면 화상을 입은 듯 온몸이 벌게진 사람들을 쉽게 만날 수 있다. 하지만 약간 방심하면 같은 신세가 될 수 있다. 보라카이의 자외선은 최고 수준이며 햇빛에 노출되는 시간 역시 다른 여행지에 비해 길기 때문이다.

❶ 오일 바르기
오일을 바르기 전에 먼저 몸에 묻은 물기를 깨끗이 닦아내야 한다. 불규칙하게 형성된 각질 때문에 군데군데 얼룩이 질 수 있으니 선탠하기 이틀 전에 각질을 제거하자. 오일은 태우고 싶은 부분에 바르면 되는데, 얼굴과 목은 피부 중 가장 연약한 곳이므로 자외선 차단제를 바르고 모자 등으로 햇빛을 가리는 것이 좋다.

❷ 선탠에 좋은 시간
성급한 마음에 하루 종일 햇빛에 노출되면 화상을 입을 수 있다. 그러므로 오전 11시에서 오후 3시까지는 직사광선을 피하고 저녁 무렵의 햇빛을 이용해 매일 30%씩 선탠 시간을 늘려가야 한다. 하루 동안 바짝 고생해서 새까맣게 태워보겠다는 생각은 아예 버려라.

❸ 아름다운 피부색을 위한 선탠
아름다운 색깔을 원한다면 3일 정도에 걸쳐 서서히 몸을 태우는 것이 좋다. 선탠을 시작하는 날은 오일보다는 자외선 차단제를 바른다. SPF 30~40 정도로 지수가 높은 제품으로 시작한다. 2시간 이상 햇빛에 직접 나가 있지 말고 10분 선탠에 30분 휴식을 원칙으로 한다. 둘째 날에는 자외선 차단 지수를 10~20 정도로 낮추고 서서히 선탠용 오일을 바르기 시작한다. 시간도 20분 정도로 늘린다. 물론 충분한 휴식은 첫날과 마찬가지. 3일째는 본격적으로 오일로 바꾸고 30분 정도 햇빛에 누워 있는 것도 무관하다. 수분이 손실되는 것을 감안해 선탠 중간중간 물이나 음료수로 몸에 수분을 공급해주는 것 또한 중요하다. 달아오른 피부를 진정시키면서 수분을 보충한다.

❹ 애프터 선탠
먼저 비누나 샤워 젤로 몸의 소금기와 더러운 물질을 닦아낸다. 피부가 한껏 민감해져 있으므로 샤워 타월로 문지르는 것은 금물. 선탠을 한 후의 피부는 엄청나게 건조해진다. 샤워 후 보디로션으로 수분과 영양을 공급해야 각질이 벗겨지지 않는다. 마사지를 하거나 스크럽이 함유된 세안제는 사용하지 말고 화장수와 영양크림을 충분히 바른다. 부족한 수분을 채우기 위해 물이나 음료수를 충분히 마시는 것은 상식이다. 심하게 화끈거리는 부위의 열기는 빼주어야 하는데, 샤워한 후 로션을 바르기 전에 민간요법을 이용하면 열기가 훨씬 빨리 가라앉는다. 열을 내

리는 데는 오이, 감자, 알로에 등이 좋다. 얼굴에는 냉타월이나 얼음찜질, 오이 팩 등을 하거나 찬 화장수에 적신 화장솜을 얹어도 효과적이다. 물론 자극이 없는 크림과 수분 로션을 바르는 것도 잊지 말아야 한다.

The Southern Part of
the White Beach
화이트 비치 남쪽

활기와 낭만이 공존하는 해변

디 몰에서부터 화이트 비치 남쪽 끝까지 거의 2km에 달하는 해변은 스테이션 2, 3을 포함한다. '화이트 비치 남쪽'은 투어리스트 센터를 중심으로 다시 2개의 공간으로 나뉘는데, 디 몰에서 투어리스트 센터까지는 비치 로드에서도 유동 인구가 가장 많고 번화한 곳이다. 투어리스트 센터부터 남쪽은 살짝 분위기가 바뀌면서 덜 개발된 느낌으로 비교적 저렴한 숙소나 식당이 많다.

RESTAURANTS

디 탈리파파 시장
D Talipapa Market

화이트 비치에서 충분히 즐겼다면 디 탈리파파 시장에서 새로운 재미와 맛에 도전해보자. 디 탈리파파 시장 내에는 해산물 전문 시장 웨트 마켓 Wet Market이 위치해 있고, 그 옆으로 해산물을 요리해주는 식당들이 있다.

각종 해산물이 즐비한 시장에서 흥정하고 장을 보면 신선한 해산물을 저렴한 가격에 구입할 수 있어 좋고, 현지인이 된 듯 색다른 재미를 느낄 수 있다. 구매한 재료를 갖고 시장 옆에 위치한 몇 군데의 식당에 가서 조리비를 내면 원하는 대로 요리해준다. 1kg당 조리비는 조리법에 따라 100~300P 정도이다. 스팀 라이스와 갈릭 라이스, 누들도 따로 주문 가능한데 20~40P 정도다. 해산물은 살아 있는지(live) 죽었는지(fresh)에 따라 가격 차이가 난다.

식당가도 예전에 비해 깔끔하게 단장했고, 해산물을 시장에서 고르는 재미, 왁자지껄한 식당과 거리 분위기 또한 즐거움이니 한 번쯤 방문해볼 것을 추천한다. 단, 조리비가 재료비보다 더 나오기도 하니 잘 따져볼 것. 어쨌든 보라카이에서 가장 실속있게 신선한 해산물을 즐길 수 있는 곳이다.

지도 P.130-A
위치 스테이션 3 안쪽
오픈 06:00~ 20:00
요금 1kg 기준 굴 80P, 홍합 100P, 생선(스내퍼) 450~500P, 라푸 라푸 550/1400P(fresh/live), 조리비 100~300P

(RESTAURANTS)

해룡왕
Ocean Live

보라카이에 왔으니 한 번쯤 해산물을 푸짐하게 맛보고 싶어 찾는 곳이 바로 디 탈리파파 시장. 하지만 위생적인 문제와 협상에 대한 부담감, 재료를 고르고 또다시 식당을 고르는 등에 대한 피곤함이 앞선다면 해룡왕으로 발길을 돌려보자. 친절한 한국인 부부가 운영하는 곳이라 이런저런 고민 없이 인원수별 세트 메뉴를 즐길 수도 있고, 단품 메뉴도 많이 갖추고 있다. 특히 세트 메뉴에는 조개, 게, 새우 등의 다양한 요리들과 개운하고 매콤한 매운탕까지 있어 만족도가 높은 편이다.

지도 P.130—B
위치 스테이션 3쪽, 드몰 버짓 마트 바로 뒷골목
오픈 10:00~22:00
요금 2인 세트 2,300P
전화 091-5227-3727
홈피 haelyongwang.modoo.at
※ 카카오톡 아이디 livecity

RESTAURANTS

서니 사이드 카페
Sunny Side Cafe

보라카이에서 손꼽히는 세련되고 수준 있는 브런치를 즐길 수 있는 곳. 이미 트립어드바이저를 통해 좋은 평가를 얻고 있을 만큼 여행자들에게 인기가 높다. 서니 사이드 카페라는 이름답게 해변 바로 앞에 샛노란 차양이 상큼한 분위기를 느끼게 한다. 실내는 에어컨 석으로 운영되고 있으며 공간이 넓은 편은 아니다. 이곳에서 가장 인기 많은 메뉴는 베이컨 그릴드 치즈 망고 샌드위치. 이름에서 느껴지듯 베이컨의 짭조름한 맛과 치즈의 고소한 맛, 망고잼의 달콤한 맛이 엄청난 시너지를 낸다. 맛도 맛이지만 양도 어마어마하다. 일반적인 샌드위치와는 비교가 되지 않는 두툼한 빵과 함께 채 썰어 튀긴 고구마, 중독성 강한 토마토 수프가 곁들여져 양이 적은 여성이라면 둘이서 먹기에도 부족함이 없다. 팬케이크 종류도 선호하는데 이것 역시 양이 상당히 많은 편이라 하프 사이즈도 주문 가능하다.

지도 P.130-E
위치 스테이션 3쪽, 보라카이 샌드 호텔 정문 앞에 있다.
오픈 08:00~18:00
요금 1인 300~500p
전화 036-288-2874
홈피 www.thesunnysideboracay.com

RESTAURANTS

파우 파트리 레스토랑
Pau Patri Restaurant

보라카이에 숨겨진 보석과도 같은 곳으로 골목 안쪽으로 들어가면 싱그럽고 여유로운 공간이 나타난다. 나무로 만든 방갈로 스타일의 레스토랑에는 이국적인 열대의 분위기가 물씬 풍기는데, 신발은 입구 바구니에 넣고 맨발로 들어가야 하며 방갈로처럼 자리가 나뉘어 있어 아늑하게 식사를 즐기기 좋다. 필리핀 전통 메뉴를 비롯해 해산물, 육류 그릴 메뉴가 많고 파스타, 샐러드, 아침 식사, 디저트까지 두루 갖추고 있다. 오픈된 주방으로는 요리사가 무척 정갈하고 정성스럽게 요리하는 모습이 보인다. 그릴 메뉴는 최소 200g부터 100g 단위로 주문

할 수 있고, 그릴 메뉴 주문 시 소스는 직원이 바로 옆에서 만들어주어 더 재미있다. 위치가 다소 애매하지만 충분히 갈 만한 가치가 있는 곳이다.

지도 P.130-A
위치 스테이션 2, 드 파리 비치 리조트 옆 골목길 사이로 도보 약 3분. 보라카이 헬스 센터 옆
오픈 10:00~22:00
요금 스파게티 300P~, 오징어 그릴 130P~ (100g)
전화 036-288-2477

RESTAURANTS

도스 메스티조스
Dos Mestizos

스페인의 참맛을 느끼고 싶다면 이곳으로! 스페인 어로 '섞인 피'라는 뜻인 가게 이름처럼 스페인계 필리피노 형제가 6년째 함께 운영하고 있다. 이국적이면서도 분위기가 은은한 내부는 비치 쪽의 번잡함을 피해 차분한 디너를 즐기기에 적당하다. 이곳의 간판 메뉴인 빠에야는 한마디로 스페인식 볶음밥이라고 생각하면 된다. 싱싱한 재료를 아끼지 않고 넣으며 풍부하고 실한 해산물과 탱글한 밥알의 조화가 환상적이다. 네 가지 사이즈 중 고를 수 있는데 양도 푸짐하고 가격도 저렴하다. 스페인식 와인 칵테일인 달콤한 상그리아도 빼놓지 말고 맛봐야 할 메뉴 중 하나. 한쪽 벽면에는 다양한 와인이 준비되어 있으며 타파스 메뉴를 곁들이면 금상첨화다.

지도 P.130-E
위치 투어리스트 센터 골목 안, 경찰서 옆
오픈 12:00~14:00, 18:00~22:00
요금 타파스 160P~, 파에야 820P~, 칵테일 120P~(부가세 & 봉사료 22% 별도)
전화 036-288-5786

> RESTAURANTS

합찬
Hap Chan

한국인의 입맛에 잘 맞는 익숙한 메뉴를 맛볼 수 있는 중국 음식점이다. 꽤 여유로운 실내 공간과 더불어 외부에 옆쪽으로 배치된 야외석이 있고, 비치 쪽 테라스에도 좌석이 마련되어 있다. 리젠시 비치 리조트에서 직접 관리하는 만큼 서비스도 맛도 일정 수준 이상을 유지한다. 만만한 딤섬 메뉴는 누구나 부담 없이 도전할 수 있는 메뉴로 새우가 들어간 씨우마이나 하카우가 가장 인기다. 우리나라의 탕수육 소스와 유사한 스위트 & 사워 소스를 담백하게 조리한 생선 위에 올려내는 스위트 & 사워 피시 필레는 남녀노소 구분 없이 좋아할 만한 메뉴이다.

지도 P.130-D
위치 보라카이 리젠시 비치 리조트 내
오픈 10:00~23:00
요금 딤섬 45~100P, 스위트 & 사워 피시 필레 310P(부가세 12% 별도)
전화 036-288-6111

> RESTAURANTS

트루 푸드
True Food

보라카이 내의 유일한 인도 요리점으로 오랜 시간 동안 한 자리를 지켜온 만큼 어느 정도 맛에 있어서 신뢰감을 준다. 필리핀 음식에 지루함을 느꼈다면 한 번쯤은 색다른 인도 요리의 매력에 빠져보는 것도 좋다. 매콤한 커리와 고소한 난의 환상적인 궁합을 경험하고 싶은 이들에게 특히 추천한다. 비치 로드와 접한 건물 안으로 들어가면 벽에는 인도 분위기의 그림이 걸려 있다. 소박한 나무 의자와 푹신한 노란색 쿠션 방석이 편안하면서도 이국적인 분위기를 자아낸다. 2층의 창가 쪽에 앉으면 바다를 감상하며 식사할 수 있다. 다양한 커리와 치킨 요리가 있으며 선택하기 힘들다면 세트 메뉴 중 골라보자.

지도 P.130-D
위치 디 몰에서 비치 로드를 따라 남쪽으로 도보 1분
오픈 11:00~23:00
요금 탄두리 치킨 390P, 치킨 커리 380P~
전화 036-288-3142

RESTAURANTS

메사
Mesa

마닐라를 비롯해 필리핀 여러 지역에 체인을 두고 있는 필리핀 전통 음식 전문점이다. 로컬식당이라기보다 고급 체인에 속하므로 가격대는 높은 편이지만 음식 맛이 좋다. 필리핀 음식을 깨끗한 분위기에서 안전하게 맛보고 싶은 여행자라면 찾아가볼 만하다. 눈앞에서 하나하나 썰어 놓아주는 레촌도 이곳에서 맛볼 수 있으며, 시니강이나 크리스피 빠따 등 다양한 필리핀 음식이 준비되어 있다. 서비스와 음식은 좋으나 오픈형 식당으로 약간 덥다는 것이 단점이라면 단점이다.

지도 P.130-D
위치 스테이션 3쪽, 헤난 리젠시 호텔 해변 쪽에 위치
주소 Beachfront, Station 2, Boracay
오픈 11:00~23:00
요금 1인 700P~
전화 036-288-6111

RESTAURANTS

카우보이 코치나
Cowboy Cocina

스테이션 3에서 가장 인기가 높은 레스토랑 겸 카페. 이름처럼 카우보이 스타일의 인테리어가 독특하다. 인기 메뉴로는 두툼한 패티가 들어있는 햄버거, 달콤한 소스가 맛있는 바비큐 립, 큼직한 생선튀김이 나오는 피시 앤 칩스, 파스타 등 아메리칸 스타일의 메뉴가 많고 맛도 뛰어나다. 화덕에 바싹하게 구운 피자는 식사로도 맥주 안주로도 좋다. 무선 인터넷을 제공해 시원한 주스 한 잔과 함께 쉬어가기도 좋고, 오후 4시부터 8시까지는 해피 아워로 맥주와 칵테일을 더 저렴하게 즐길 수 있다.

지도 P.130-F
위치 스테이션 3, 벨라 이사 스파 옆
오픈 07:00~23:00
요금 햄버거 240P~, 바비큐 립 395P~
전화 036-288-2123

RESTAURANTS

크리스티나
Christina's

리젠시 비치 리조트의 부속 레스토랑. 이탈리언 레스토랑이라는 분명한 콘셉트로 꽤 괜찮은 평가를 받는 곳이다. 비슷한 콘셉트의 돈 비토와 비교하면 좀 더 격조 있고 로맨틱한 분위기로 와인과 함께 조용하고 차분한 디너를 즐기기에 좋으며 서비스도 뛰어나다. 비교적 부담이 덜한 피자 종류 중 달콤한 하와이언 피자나 미트 러버 피자가 인기가 있다.

지도 P.130-D
위치 보라카이 리젠시 비치 리조트 내
오픈 10:30 ~22:00
요금 디너 세트 480P~(부가세 & 봉사료22% 별도)
전화 036-288-6111

RESTAURANTS

돈 비토
Don Vito

만다린 아일랜드 리조트의 아름다운 풍경에 힘입어 저녁이면 분위기가 좋은 이탈리언 레스토랑이다. 기가 막히게 맛있지는 않지만 어느 것을 골라도 무난하며 2011년 베스트 레스토랑으로 선정된 적이 있다. 같은 이탈리언 레스토랑인 크리스티나와는 약간 분위기가 다르며 직원들도 쾌활하고 좀 더 밝다. 신선한 해산물이 풍성한 펜네 파스타 푸르티 디 마레 Penne Pasta Frutti Di Mare는 매콤하고 개운하다. 식사 후 젤라토나 티라미수로 달콤하게 마무리하는 것도 좋다.

지도 P.130-D
위치 보라카이 만다린 아일랜드 리조트 입구 해변에 위치
오픈 06:30~24:00
요금 파스타 300~360P, 피자 350P~(부가세 & 봉사료 22% 별도)
전화 036-288-3444

RESTAURANTS

샤키즈
Shakey's

필리핀 전역에 체인을 가지고 있는 대중적인 레스토랑으로 피자, 파스타 등을 다루는 이탤리언 레스토랑이다. 음식 종류도 다양하고 가격도 부담 없는 수준이다. 피자는 사이즈를 골라서 주문할 수 있으며 원하는 맛 2가지를 골라 한 판으로 주문할 수도 있다. 실내석과 해변 야외석으로 나뉘어 있어 저녁에 바다의 정취를 즐기며 식사하기 좋다. 치킨 너깃과 같은 메뉴는 맥주 안주로도 제격이다.

지도 P.130-D
위치 스테이션 2, 서머 플레이스 옆
오픈 10:00~24:00
요금 피자 300P~, 샐러드 156P
전화 036-288-1777
홈피 www.shakeyspizza.ph

RESTAURANTS

리얼 커피
Real Coffee

보라카이를 사랑하는 미국인 모녀가 1996년 문을 연 소박한 카페. 보라카이의 터줏대감이었던 리얼 커피가 스테이션 2로 자리를 옮겼다. 해변에 위치하고 규모도 더 커져 편안하게 즐길 수 있다. 2층으로 올라가면 창가에서 화이트 비치가 내려다보여서 전망도 시원하다. 이곳의 대표 메뉴인 칼라만시 머핀과 시원한 커피 한 잔을 마시면서 여유를 즐겨도 좋고 팬케이크, 오믈렛과 망고 셰이크를 아침 식사로 먹어도 좋다.

지도 P.130-D
위치 스테이션 2, 시 월드 2층
오픈 07:00~19:00
요금 주스 90P~, 칼라만시 머핀 45P
전화 036-288-5340

RESTAURANTS

술루 플라자
Sulu Plaza

시암 칠리 외에 별다른 태국 음식점이 없었던 보라카이에서 술루 플라자의 존재는 태국 음식 마니아에게 반가울 수밖에 없다. 해변을 앞에 두고 있어 좀 더 여유로운 느낌이며 바 주변에 아무렇지 않게 놓인 테이블과 의자에서 자유로움이 느껴진다. 음식 값은 생각만큼 저렴하진 않지만 커다랗고 고소한 슈림프 케이크도 맛있고 해산물과 당면을 새콤하고 매콤하게 무친 태국식 샐러드 얌운센도 맛있다. 톰얌쿵은 양에 따라 가격을 차별화해 선택 주문할 수 있다. 의외로 기본 쌀국수보다는 요리가 더 맛있는 편.

지도 P.130-F
위치 스테이션 3, 화이트 비치 앞
오픈 11:00~23:00
요금 톰얌쿵 260P~, 팟타이 250P, 슈림프 케이크 290P
전화 036-288-3400

RESTAURANTS

재스퍼스 탑실로그
Jasper's Topsilog

현지인들이 자주 찾는 소박한 밥집이다. 식사 시간이면 바깥쪽에선 숯불을 피워 사테를 굽고, 안쪽에서는 이것저것 반찬과 밥을 주문하려는 사람들로 붐빈다. 좌석은 1, 2층으로 되어 있으며 테이블과 의자, 손을 씻는 세면대가 전부라고 보면 된다. 간단한 면 요리와 사테 등을 주문할 수도 있고 스팀 라이스에 여러 가지 반찬을 골라 담아 계산하기도 한다.

지도 P.130-A
위치 크래프츠 오브 보라카이를 등지고 오른쪽
오픈 06:00~21:00
요금 1인 110P 내외

NIGHTLIFE

서머 플레이스
Summer Place

여전히 이 근방에서는 No.1 바로 인정받는 곳이 바한 공간과 입구에 걸어놓은 서핑 보드, 천연 재료로 만든 의자와 건물 장식에서 멋스러운 열대 분위기가 물씬 풍긴다. 안쪽으로 2대의 당구대가 있으며 라이브 공연이 시작되는 저녁이면 사람들이 하나둘 모여들기 시작한다. 라이브 밴드는 귀에 익은 팝송 위주로 연주해 절로 흥얼거리게 된다. 적당히 흥겹고 편안한 분위기는 여행자들끼리 부담 없이 어울리게 해준다. 술을 잘 마신다면 칵테일 6잔을 스트레이트로 마시는 섹스 슈터스에 도전해보는 건 어떨까? 성공하면 이름이 새겨진 티셔츠를 증정하는데, 특별한 추억이 될 것이다.

지도 P.130-D
위치 디 몰에서 스테이션 2 방향으로 도보 약 4분, 리얼 커피와 르 솔레일 사이

오픈 08:30~다음 날 02:00
요금 칵테일 100P~
전화 036-288-3144

NIGHTLIFE

니기 니기 누 누스 바
Nigi Nigi Nu Noos Bar

숙소도 함께 운영하는 니기 니기 누 누스 바는 타원형 바 주변에 나무 탁자와 의자가 아무렇지 않게 놓여 있는 심플하고 소박한 분위기다. 바 주변으로 동그랗게 둘러앉아 술을 마시다 보면 누구와도 친구가 될 수 있을 듯하다. 해변 쪽 자리가 좀 더 시원하고 조용하다. 오후 5시부터 7시까지는 해피 아워로 1잔을 주문하면 1잔을 무료로 마실 수 있다. 마음껏 마시고 싶다면 다른 칵테일보다 사이즈가 큰 니기 니기 슈퍼 칵테일(620P)에 도전해보는 것도 좋다.

지도 P.130-E
위치 스테이션 3, 엘 센트로 리조트 옆
오픈 07:00~다음 날 01:00(음식 주문은 ~23:00)
요금 칵테일 140P~

NIGHTLIFE

레드 파이러츠 펍
Red Pirates Pub

이보다 더 히피스러울 수는 없다! 보라카이가 고향인 운영자 조이는 팔라우를 조정하는 세일러가 본업이지만, 사람을 좋아하는 특성 때문에 분위기가 독특한 펍을 열게 되었다. 외부에서 느껴지는 히피 분위기는 내부까지 이어지는데 좁은 내부는 어느 것 하나 인공적인 것 없이 내추럴하다. 메뉴가 몇 개 없다고는 하지만 메뉴판도 없을 만큼 자유롭고 억지로 꾸며내지 않은 이곳만의 멋과 분위기는 보라카이에서 오래전에 사라진 것이기에 더 가치가 있다. 가는 길은 좀 어둡지만 밤 시간에 가서 자유로운 히피 분위기에 취해보자. 혼자라도 괜찮다. 편안한 히피 친구들이 말동무가 되어줄 테니. 나무를 대충 엮어

만든 의자에 앉아 산미구엘을 마시며 보라카이의 석양을 감상하기에도 좋다.

지도 P.130-F
위치 호텔 357 보라카이를 지나 남쪽
오픈 06:00~다음 날 03:00
요금 칵테일 110P~
전화 036-288-5767

NIGHTLIFE

옴 바
Om Bar

해변에 어둠이 내리고 밤이 깊어지면 편안한 분위기에서 보라카이의 밤을 만끽하기 위한 여행자들로 항상 붐비는 곳이다. 실내의 바닥은 모래사장으로 되어 있어 분위기가 더욱 여유롭고, 알록달록한 쿠션 덕에 편안하게 시간을 보낼 수 있다. 실내보다 더 인기 있는 좌석은 해변 앞쪽으로 놓인 쿠션들. 화려한 불쇼나 신명 나는 댄스 타임 없이도 충분히 즐거운 시간을 보낼 수 있는 곳이다.

지도 P.130-D
위치 6 스테이션 2
오픈 16:00~
요금 1인 200p 내외
전화 091-7631-0242
홈피 facebook.com/OmBarBoracay

[SPA]

헬리오스 스파
Helios Spa

헬리오스 스파는 오랜 시간 동안 아기자기한 분위기로 많은 사랑을 받아온 보라카이 힐스 자리에 새롭게 문을 연 스파다. 시내에서 떨어져 있어 더욱 프라이빗하고 평화로운 분위기에서 진정한 휴식을 만끽할 수 있다. 이곳의 시그니처 스파는 요가와 스크럽, 마사지 등을 결합한 독특한 과정으로 이루어져 있으며 총 2시간 30분이 소요된다. 전문 테라피스트와 함께 간단한 요가 동작으로 몸과 마음을 진정시키고 비시 샤워와 저쿠지 등을 완벽하게 갖춘 트리트먼트 룸에서 정성스러운 스크럽을 받게 된다. 스크럽 후에는 코코넛 즙을 섞은 저쿠지에서 망고 케이크와 칼라만시 주스를 마시며 잠시 휴식을 취한다. 코코넛 즙은 보습 효과가 탁월해 스크럽 후 자극받은 피부를 진정시키는 데 효과가 좋다고 한다. 마지막으로 하이라이트인 마사지를 받는데 스웨디시, 시아쓰, 타이, 리플렉솔로지 등 네 가지 기술을 합한 이곳만의 마사지 타임은 상당히 만족스럽다.

지도 P.130-C
위치 보라카이 남단, 보라카이 힐스 자리
오픈 10:00~다음 날 01:00
전화 036-288-3315

| SPA |

보라 스파
Bora Spa

보라카이에 속속 들어서는 고급 스파들에 비해 시설은 다소 떨어지지만 만족도는 높은 편이다. 꿀, 노니, 금, 진주, 태반 크림 등 이름만 들어도 비싸 보이는 재료를 아낌없이 사용한다. 테라피스트 또한 경력이 오래되어 서비스도 좋고 성실하다. 전신 마사지를 시작으로 태반 크림으로 얼굴과 몸을 마사지하고 파라핀으로 손을 관리해준다. 마지막으로 꿀로 마사지한 후 래핑을 해주는 코스로 총 2시간이 소요된다. 시설에 우선순위를 두지 않는다면 가격도 높지 않고 피부와 근육 마사지 모두 충족시키는 만족도 높은 스파를 받을 수 있다. 요금은 1시간에 약 US$30 정도.

지도 P.130-B
위치 스테이션 3 메인 로드 쪽
오픈 11:30~22:00 (마지막 예약 타임)
전화 036-288-5579

| SPA |

라바 스톤 마사지
Lava Stone Massage

강한 마사지를 선호하는 여행자라면 이곳을 선택하는 것이 최선이지 않을까 싶다. 라바 스톤은 용암 성분이 함유된 자연석으로 미국에서 처음 마사지에 사용한 이래 신비의 돌로 불리며 인기를 끌고 있다. 이곳에서는 한국인의 취향에 맞게 몇 가지 테크닉을 추가해 퓨전 스타일의 마사지를 제공한다. 노니 비누로 얼굴을 깨끗이 씻어내는 것을 시작으로 마사지가 진행되는데, 한국인 매니저가 상주해 의사소통에는 전혀 무리가 없다. 테라피스트와도 강하게 혹은 약하게 등 간단한 의사소통은 할 수 있다(기본적으로 마사지는 강한 편이다). 총 2시간 동안 정말 알차게 마사지를 받았다는 느낌을 주는 것이 이곳의 특징이다. 샤워 시설은 따로 없으며 예약은 방문 전 필수이다. 요금은 2시간에 약 US$80 정도.

지도 P.130-B
위치 킹 피시 팜 공원 근처
오픈 13:00~23:30
전화 036-288-6862

SPA

만달라 스파
Mandala Spa

만달라 스파는 본격적인 고급 스파로 꽤 넓은 면적을 아름다운 자연과 스파 시설에 할애하고 있다. 시설과 분위기, 그리고 서비스 면에서 단연 최고 수준이다. 객실 12개의 리조트를 함께 운영하는데, 스파 시설에 숙소를 더한 개념으로 이해하면 된다. 리셉션 건물에 샤워 시설과 로커 등이 있어 마사지 받기 전에 미리 샤워를 하고 소지품을 보관할 수 있다. 정원에 위치한 총 4개의 독립 빌라는 여유 공간이 많고 고급스러운 분위기가 특징이다. 각 빌라 내에는 마사지를 받는 침대와는 별도로 멋진 열대 수목들이 창 안으로 들어온 공간에 욕조가 있어 마사지를 받은 후에 목욕을 즐길 수 있다. 빌라는 스위트룸을 연상시킬 정도로 공간이 여유롭고 수목으로 둘러싸여 아름답다.

빌라에서 받는 마사지는 꽃잎을 띄운 물에 발을 씻는 것으로 시작한다. 그 후 몇 가지 오일 중 하나를 선택하고 침대 위에 누워 선택한 프로그램에 따라 진행된다. 빌라 외에 남자 4명과 여자 4명을 분리해 수용할 수 있는 스파 건물도 있다. 늘 손님이 많아 철저히 예약 위주로 운영한다. 취소하면 수수료를 지불해야 하니 주의하자.

지도 P.130-C
위치 메인 로드 남쪽 언덕
오픈 10:00~ 22:00
요금 시그너처 마사지 3200P(90분), 만달라 딥 티슈 마사지 4600P(130분)(부가세 + 봉사료 22% 별도)
전화 036-255-5857
홈피 www.mandalaspa.com

> SPA

벨라 이사 스파
Bella Isa Spa

스테이션 3에 새롭게 생긴 스파. 미국인 오너가 열정적으로 운영하며 합리적인 가격에 만족스러운 시설과 마사지로 빠른 인기몰이를 하고 있다. 가장 기본적인 풀 보디 마사지부터 스크럽, 핫 스톤 마사지 등 다양한 코스를 갖추었다. 킹 앤 퀸 패키지는 무려 7시간에 걸쳐 진행되는 풀 코스 패키지로 1인당 6750P. 스크럽부터 시작해 마사지, 풋 스파, 헤어 스파 등의 테라피를 받은 후 바다로 나가 세일링을 즐기며 선셋을 감상하고 해변에서 로맨틱한 디너와 자그마한 선물까지 포함된 하나의 투어라고 생각하면 된다. 정성스러운 스파와 특별한 추억을 만들고 싶은 커플이라면 시도해 볼 만하다.

지도 P.130-F
위치 스테이션 3, 앙골 프라자 Angol Plaza에서 도보 약 3분
오픈 10:30~21:00
요금 풀 보디 스파 1370P(60분), 풋 스파 1125P(30분)
전화 036-288-1381
홈피 www.bellaisaboracay.com

> SPA

팔라사 스파
Palassa Spa

스테이션 1 쪽의 메인 로드점을 비롯한 5개의 지점을 운영하는 팔라사 스파는 외관이 굉장히 럭셔리해 호기심을 자극한다. 시설은 꽤 깔끔하고 별도의 트리트먼트 룸도 갖추고 있으나 프로그램에 따라 이용이 제한적이다. 여행자들이 일반적으로 받는 트리트먼트는 베드와 베드 사이에 커튼을 쳐놓은 공간에서 진행된다. 워낙 공간이 협소해 마사지사들이 움직이다 보면 커튼이 젖혀지기도 하고, 세심한 서비스를 기대하긴 어렵다.

지도 P.130-B
위치 크라운 리젠시 리조트 옆
오픈 10:00~24:00
요금 팔라사 시그너처 마사지 599P, 시아쓰 마사지 399P
전화 036-288-2047

> STAYING

코스트
Coast

2016년 오픈한 따끈따끈한 신생 리조트로 해변으로의 접근이 가장 가깝고 편리하여 '비치 프론트 리조트'로 불러도 과언이 아니다. 해변 앞쪽으로 레스토랑과 로비가 자리하고 있고 안쪽으로 2개의 수영장을 둘러싸고 있으며 객실이 ㄷ자로 배치된 구조이다. 객실은 크게 5가지로 구분되는데, 가장 하위 객실인 블루 마니라 Blue Marina는 해변 앞의 메인 건물과 약간 떨어진 위치에 있어 다소 불편하므로, 디럭스룸 이상을 예약하는 것이 좋다. 객실은 화이트와 블루 톤의 깔끔한 스타일. 수영장은 키즈풀과 성인풀로 구분되어 있으며 해변에는 전용 선베드가 배치되어 있어 바다 물놀이를 즐기기에 아주 편리하다. 왕복 까띠끌란 공항 픽업서비스가 무료로 제공된다. 해변 쪽에 리셉션과 정문이 있지만, 메인로드 쪽으로 통로가 없다는 점이 다소 아쉽다

지도 P.130-D
위치 스테이션 2, E몰 근처에서 가깝다.
주소 Station2, Beach Front, Brgy. Balabag Malay, Boracay
요금 블루 마리나 7500P~, 디럭스 8500P~
전화 036-288-2634
홈피 www.coastboracay.com

STAYING

헤난 라군 리조트
Henann Lagoon Resort

보라카이 리젠시 비치 리조트, 헤난 가든 리조트와 같은 그룹의 호텔이다. 2009년 오픈한 새내기 호텔답게 객실 상태도 좋은 편이다. 객실은 총 120개로 딜럭스, 프리미어, 프리미어 풀사이드, 그랜드, 그랜드 풀사이드 룸으로 나뉜다. 특히 프리미어 풀사이드와 그랜드 풀사이드 룸은 방에서 수영장을 바로 이용할 수 있어 인기가 높다. 이곳의 자랑은 유선형의 넓은 라군형 수영장이다.

지도 P.130-A
위치 스테이션 2
요금 딜럭스 US$204~
전화 036-288-2829
홈피 henann.com/boracay/henannlagoon

STAYING

만달라 빌라
Mandala Villa

만달라 스파와 함께 운영하는 곳으로, 스파의 유명세에 가린 느낌이다. 보라카이의 여느 숙소와는 확연히 다른 콘셉트로 보라카이라기보다는 발리의 조용한 숙소에 온 듯한 느낌이 든다. 12채의 빌라를 운영하는데 자연 친화적이면서도 편리성을 갖추었다. 멋스러운 테라스와 야외 욕실도 매력적이긴 하나 취향에 따라 불편해할 수도 있다. 작고 아담한 야외 식당에서 제공하는 아침 식사는 맛이 꽤 괜찮다. 스파 프로그램와 연계한 다양한 패키지와 프로모션을 제공하니 홈페이지에서 확인하자.

지도 P.130-C
위치 메인 로드 남쪽 언덕
요금 빌라 US$243~
전화 036-255-5858
홈피 www.mandalaspa.com

STAYING

보라카이 리젠시 비치 리조트
Boracay Regency Beach Resort

오랫동안 보라카이를 찾는 여행자들에게 사랑받고 있는 스테디셀러 리조트. 헤난 라군 리조트와 함께 한국인 여행자 사이에서는 유독 인기가 높은데 인기의 비결 중 하나는 넓은 수영장. 화이트 비치에 접하고 있는 리조트는 보통 수영장이 없거나 규모가 작은 편인데 이곳은 무척 큰 편이라 휴양을 즐기며 놀기에 제격이다. 사우스 윙과 이스트 윙으로 나뉘는데 모두 수영장과 연결된다. 특히 풀 액세스 룸 타입을 선택하면 발코니를 통해 바로 수영장으로 풍덩 뛰어들 수 있다. 위치와 수영장의 크기 등 장점에 비해서 가격은 US$100 수준으로 합리적인 편이라 더 인기가 높다.

지도 P.130-D
위치 스테이션 2, 디 몰에서 도보 약 6분
요금 슈피리어 US$130~
전화 036-288-6111
홈피 www.boracayregency.com

STAYING

보라카이 업타운
Boracay Uptown

디 몰과 바로 이웃하고 있으며 코앞에는 화이트 비치가 펼쳐지는 최적의 위치에 새롭게 문을 연 호텔이다. 객실은 컬러풀해 밝고 활기찬 분위기로 젊은 커플이나 친구와 함께하는 여행에도 잘 어울린다. 2013년 8월에 오픈한 만큼 객실 상태가 쾌적하고 직원들도 친절해서 다녀온 이들의 호평이 이어지고 있다. 3층 옥상에는 화이트 비치가 내려다보이는 야외 수영장이 있어 바다를 바라보며 휴양을 즐기기에도 좋다. 1층에는 보스 커피, 골든 카우리 등의 레스토랑과 카페가 있어 더욱 편리하다.

지도 P.130-D
위치 스테이션 2, 디 몰 바로 옆
요금 슈피리어 US$140~, 프리미어 US$155~
전화 036-288-2659
홈피 www.boracayuptownresort.com

> STAYING

크라운 리젠시 리조트 앤 컨벤션 센터
Crown Regency Resort and Convention Center

디럭스룸을 시작으로 주니어스윗, 로프트 형식으로 된 객실 등, 500여개가 넘는 객실을 보유한 보라카이에서 손꼽히는 대형 리조트 중 하나이다. 해변에 접하고 있지는 않지만 도보 4분이면 해변에 닿을 수 있으며 디 몰과도 가까운 편이다. 가장 큰 장점은 웨이브풀을 갖춘 워터파크와 아이들을 위한 슬라이드 등을 갖춘 야외수영장을 꼽을 수 있다. 이 때문에 가족 단위 여행자들에게 특히 인기 있는 편이다.

지도 P.130-B
위치 스테이션 2, 메인 로드 옆
주소 Station 2, Main Road, Balabag, Malay, Boracay
요금 딜럭스 US$200~
전화 036-506-3030, 3111
홈피 www.crownregency.com

> STAYING

헤난 가든 리조트
Henann Garden Resort

헤난 라군 리조트, 보라카이 리젠시 비치 리조트와 함께 헤난 그룹이 운영한다. 200개의 객실은 딜럭스, 프리미어, 패밀리 룸, 풀 액세스 등으로 나뉘며 신관이 리모델링되어 객실이 훨씬 업그레이드되었다. 특히 바로 수영장으로 연결되는 그랜드 풀 액세스 룸과 프리미어 풀 액세스 룸이 인기가 높다. 앞으로 툭 튀어나온 독특한 테라스와 수영장을 따라 늘어선 풀 액세스 룸은 예전 모습 그대로다. 로비를 통과해 앞으로 펼쳐진 푸른 정원이 인상적이다.

지도 P.130-A
위치 스테이션 3, 보라카이 리젠시 비치 리조트에서 메인 로드 쪽
요금 딜럭스 US$123~
전화 036-288-6672
홈피 henann.com/boracay/henanngarden

> STAYING

르 솔레일
Le Soleil

프랑스어로 태양이란 뜻의 르 솔레일은 1998년 오픈했으며 보라카이에서는 드물게 지중해 스타일로 꾸민 곳이다. 메인 건물은 화사한 흰색으로 지중해식 외관과 태양을 주제로 한 로고가 잘 어우러져 세련된 느낌이다. 바로 앞이 해변이라 위치도 좋고 수영장과 부대시설도 관리가 잘되어 있다. 모던한 스타일의 룸은 세련된 느낌을 풍기고 침구도 깔끔하다.

지도 P.130-D
위치 디 몰에서 스테이션 2 방향으로 도보 약 4분, 서머 플레이스 옆
요금 딜럭스 US$124~
전화 036-288-6209
홈피 www.lesoleil.com.ph

> STAYING

보라카이 만다린 아일랜드 리조트
Boracay Mandarin Island Resort

2007년 오픈했으며 쾌적하고 세련된 룸을 자랑한다. 총 객실 수는 52개인데, 작은 규모에 비해 고급스러운 분위기라 가격대가 만만치 않다. 룸 타입은 아홉 가지로, 다양한 등급의 룸을 보유한 것이 특징이며 그만큼 가격 차이도 크다. 모든 룸에서 무료 인터넷을 사용할 수 있으며 등급이 가장 낮은 슈피리어 룸도 발코니와 데이 베드 등이 있어 객실 수준은 만족스러운 편이다. 세 가지 타입의 스위트룸은 저쿠지와 개인 풀을 갖추어 허니문용으로도 손색이 없다.

지도 P.130-D
위치 플라조레타 옆
요금 딜럭스 시 뷰 US$170~
전화 036-288-3444
홈피 www.boracaymandarin.com

> STAYING

베스트 웨스턴 보라카이 트로픽스 리조트
Best Western Boracay Tropics Resort

보라카이 트로픽스 리조트라는 이름 앞에 '베스트 웨스턴'이 추가되었지만, 전과 별로 달라진 점은 없다. 해변까지 5분 정도 걸어야 하는 불편함이 있지만 비교적 깔끔한 객실에 유쾌한 분위기의 수영장으로 단점을 커버하는 실용적인 숙소다. 총 50실의 객실이 3개의 건물에 나뉘어 수영장을 둘러싸고 있는데, 일반 객실인 슈피리어는 도로 쪽 건물에 있어 약간 시끄럽다. 슈피리어와 딜럭스 외에 빌라 스타일의 객실이 있어 눈길을 끈다.

지도 P.130-B
위치 투어리스트 센터 골목과 메인 로드가 만나는 코너
요금 일반 룸 US$85~, 슈피리어 US$115~
전화 036-288-4034
홈피 www.boracaytropics.com

> STAYING

라 카멜라 데 보라카이 호텔
La Carmela de Boracay Hotel

스테이션 2에서 꾸준히 인기를 끌고 있는 숙소. 화이트 비치를 바로 앞에 두고 있으면서도 가격은 저렴한 편이라 외국 여행자는 물론 현지인에게도 인기가 높다. 객실은 평범한 수준이지만 주변의 숙소들에 비하면 가격 대비 시설이 좋은 편이다. 작긴 하지만 수영장이 있으며 아침 뷔페식도 꽤 알차게 나온다.

지도 P.130-E
위치 스테이션 2에 위치, 투어리스트 센터 옆. 디몰에서 도보 약 10분
요금 스탠더드 US$40~
전화 036-288-5423
홈피 www.lacarmeladeboracay.com

> STAYING

357 보라카이
357 Boracay

아담하면서도 화사한 분위기의 2층 숙소로, 예쁜 식당과 10개의 객실이 있다. 비비드한 색감과 아기자기한 객실은 보라카이에서 손가락 안에 꼽을 만큼 감각적이다. 젊고 귀여운 분위기 때문에 여자들이 좋아할 만하다. 수영장은 따로 없지만 해변과 바로 붙어 있다. 파라솔을 놓아두어 해변을 즐기기에 좋다.

지도 P.130-F
위치 화이트 비치 남쪽 끝
요금 이그제큐티브 US$96~
전화 036-899-1943
홈피 357boracay.com

> STAYING

앨리스 보라카이
Alice Boracay

새하얀 외관의 아파트식 숙소다. 편리성을 추구한 깔끔하고 저렴한 숙소로 특히 여성 여행자에게 인기가 좋다. 1개의 투 베드 룸을 제외한 모든 객실은 26m2의 스튜디오 룸으로 구성되어 있다. 비치 로드 안쪽에 자리해 화이트 비치까지 거리가 좀 멀고 수영장, 레스토랑 등 별다른 부대시설이 없다는 점이 아쉽다.

지도 P.130-E
위치 투어리스트 센터 골목
요금 3600P~
전화 036-288-6665

> STAYING

보라카이 샌드 호텔
Boracay Sands Hotel

화이트 비치 남쪽으로 비치 로드를 따라 걷다 보면 새하얀 모래성처럼 우뚝 솟아 있는 보라카이 샌드 호텔이 눈에 들어온다. 실내 중앙에 위치한 수영장은 지중해식 새하얀 건물과 어우러져 오묘한 느낌을 준다. 총 56개의 객실 중 딜럭스 룸이 48개나 되며 화이트 비치를 코앞에 두었다는 것이 큰 장점이다.

지도 P.130-E
위치 화이트 비치 남쪽 비치 로드, 골든 피닉스 옆
요금 딜럭스 US$110~
전화 036-288-4967
홈피 www.sandsboracay.com

`STAYING`

블루 마리나
Blue Marina

2013년 새롭게 문을 연 신생 호텔로 객실 상태가 무척 쾌적하고 모던하면서도 감각적으로 꾸며져 있다. 도착 시 망고 주스와 간단한 샌드위치를 제공하며 직원들도 무척 친절한 편이라 평이 좋다. 아침은 간단한 주문식으로 객실, 로비, 야외 등 원하는 곳에서 먹을 수 있다. 무선 인터넷을 무료로 제공하며 도보 2분 정도면 바다에 도착해 위치도 좋은 편이다.

지도 P.130-E
위치 스테이션 3, 도스메스티조스 옆 골목으로 도보 1분
요금 슈피리어 US$110~
전화 036-288-2634
홈피 www.bluemarinaboracay.com

`STAYING`

헤이 주드 사우스 비치 리조트
Hey Jude South Beach Resort

헤이 주드에서 스테이션 3에 새롭게 문을 연 숙소. 총 21실의 아담한 규모로 한적한 스테이션 3에 있어 한국인보다는 서양인들이 선호한다. 스탠더드는 객실이 다소 작은 편이라 가격 차가 크지 않은 딜럭스를 선택하는 편이 만족도가 높다. 최근에 오픈해서 아직까지 시설이나 객실 상태가 좋아 가격 대비 메리트가 있다.

지도 P.130-F
위치 스테이션 3, 블루 망고 옆, 디 몰까지 도보 약 10분
요금 스탠더드 US$50~, 딜럭스 US$60~
전화 036-288-2401
홈피 www.heyjude-boracay.com

`STAYING`

보라카이 오션 클럽 비치 리조트
Boracay Ocean Club Beach Resort

한국인이 운영하는 리조트로 2007년에 문을 열었다. 스테이션 3에 위치한 아담한 리조트로 하얀색의 외관과 파란 수영장이 시원하다. 총 39실로 일반 객실부터 전망이 멋진 스위트룸까지 다양하다. 객실이 비교적 넓은 편이고 화이트 톤으로 화사해서 스위트룸의 경우 허니문에도 잘 어울린다

지도 P.130-F
위치 스테이션 3, 다이브 구루스 옆, 디 몰까지 도보 약 7분
요금 슈피리어 US$90~, 딜럭스 US$120~
전화 036-288-2401
홈피 www.boracayoceanclub.com

보라카이 아일랜드 호핑 투어

보라카이에서 단 하나의 투어를 해야 한다면 바로 아일랜드 호핑 투어일 것이다. 호핑 Hopping이란 한 곳에서 다른 곳으로 폴짝 뛴다는 뜻으로 이곳저곳을 옮겨 다니는 것을 말한다. 그러니 호핑 투어는 배를 타고 스노클링 포인트와 피크닉 장소 등을 옮겨 다니며 즐기는 것. 보라카이에서 선박을 이용한 호핑이 인기를 끄는 것은 육로로 가기 힘든 아름다운 해변에 갈 수 있고 스노클링과 바비큐 점심까지 즐길 수 있기 때문이다.

호핑 투어 어디를 이용할까?
벙커를 이용하는 비치 호핑은 크게 한인 업체와 현지 업체로 나뉜다. 가격과 장단점이 다르므로 비교해본 후 자신에게 맞는 투어를 선택하자.

조금 더 비싸도 안전한, 한인 여행사
한인 여행사나 벙커 운영자가 점심 식사, 스노클링 장비를 포함한 일일 프로그램을 만들어놓고 신청자가 접수하면 진행한다. 여행자는 1인당 금액으로 책정되며 하루 전에는 예약해야 한다. 요금은 1인당 US$65~70 정도. 장점은 한인 여행사가 운영하기 때문에 안전이나 도난 등에서 신뢰할 수 있다는 것이고, 단점은 개별 호핑보다 가격대가 높고, 원하는 날짜에 최소 출발 인원이 안 될 경우 일정이 바뀌기도 한다는 점이다.

저렴하게 즐기는 현지 여행사
현지에서 개별적으로 흥정하는 호핑 외에도 현지 여행사를 이용해 호핑 투어를 떠날 수도 있다. 요금도 한인 여행사에 비하면 저렴하고 반일 투어로 알차게 즐길 수 있어 알뜰 여행자들에게 추천할 만하다. 날씨에 따라 차이는 있지만 오전 10시에 출발해 오후 4시 정도에 끝난다. 섬을 둘러본 후 간단한 뷔페식 점심을 먹고, 스노클링 등이 포함된다.

> **TIP 한인 여행사 통해 예약하기**
>
> 여행사마다 출발 시간이나 요금의 차이가 있으므로 미리 확인해본 후 예약하자. 또 인터넷 카페를 통해 여행자들의 생생한 후기를 확인할 수 있으니 미리 후기를 읽고 자신의 스타일에 맞는 업체를 찾아보자.
> - **엔조이 필리핀** cafe.naver.com/njoypp
> - **드보라 보라카이** cafe.naver.com/deboracay
> - **보자무싸** cafe.naver.com/cheepboracay

> **TIP** 한인 여행사 통해 예약하기
>
> 보라카이 곳곳에서 현지 여행사를 쉽게 볼 수 있는데, 그중에서도 오랫동안 여행자들이 이용한 알란 비 펀 투어 Allan B Fun Tour가 대표적인 추천 여행사다. 호핑 투어는 1인당 800P에 예약할 수 있으며 점심이 포함된 금액이다. 크리스털 코브 입장료 200P는 별도.
> **위치** 스테이션 1, 칸 스파 1층
> **전화** 036-288-1941

자유롭고 알뜰하게, 현지 개별 호핑 투어

개별 호핑은 벙커를 단독으로 빌려서 원하는 시간에 원하는 포인트만 골라서 자유롭게 호핑 투어할 수 있는 것이 가장 큰 장점이다. 또 1인당 요금이 아니라 배 한 대 가격으로 흥정하므로 인원이 많을 경우 더 저렴하게 이용할 수 있다. 단, 보증된 업체가 아니므로 도난사건이나 안전 등에 각별히 주의할 필요가 있다. 호핑 투어를 나가서 배에서 내릴 경우 소지품은 안전하게 챙겨서 내리고 모든 비용은 호핑 투어가 종료된 후 지불하도록 하자.

> **TIP** 직접 개별 예약하기
>
> 보통 8인승 이하의 벙커를 4시간에 1500P, 6시간에 2000P 정도에 빌린다. 식재료비나 출발할 때 벙커 조합에 내는 비용(100P~), 스노클링 장비, 스노클링 시 자연보호 비용은 별도. 호핑 투어 당일 아침, 벙커 운전사와 함께 시장의 해산물 코너에서 필요한 음식과 준비물(숯과 양념 등)을 준비하고, 식사가 필요 없다면 불포함으로 가도 된다. 비용은 반드시 투어가 다 끝난 뒤 지불하자. 해변에서 당일 호객꾼과 흥정을 통해 진행해도 되고 미리 전날에 약속한 후 진행해도 된다. 미리 약속하는 경우 호객꾼의 이름과 전화번호, 약속 장소와 시간, 포함 사항 등을 반드시 확인하고 메모해 두는 것이 좋다.

호핑 투어로 스노클링 즐기기

보라카이는 세부와는 다르게 스노클링을 호핑 투어와 묶어서 생각해야 한다. 해변에서 바로 수영하며 즐길만한 스노클링 포인트가 없어 배를 타고 나가야 하기 때문이다. 스노클링만을 목적으로 바다에 나가기보단 섬 일주 등 다른 해변 탐구의 목적으로 일일투어를 하면서 중간 중간 산호들이 모여 있는 포인트에서 스노클링을 한다. 초보자들에게는 나쁘지 않지만 필리핀의 다른 포인트와 비교하면 만족스럽지 못한 것도 사실이다. 백화현상이 심하고 여행자들의 발길에 망가진 산호가 대부분이기 때문이다. 크로커다일 포인트 등 섬 동쪽의 포인트들이 화이트 비치 쪽보다는 나은 편이다. 2003년부터는 산호와 생태계 보호를 명목으로 코럴 가든, 크로커다일 포인트 등 잘 알려진 곳에서는 돈을 받고 있다. 미리 선박에 대기하고 있다가 일인당 20P의 요금을 받는다.

호핑 투어 코스

호핑의 코스는 정해져 있는 것이 아니라 날씨나 여유 시간 등에 의해 결정된다. 모집 호핑은 큰 문제가 없으면 스노클링과 피크닉을 즐기며 섬을 한 바퀴 돈다. 개별 호핑은 식사 시간과 휴식에 더 많은 비중을 두기 때문에 섬을 한 바퀴 도는 대신 한쪽만 돌아 시간을 절약하는 편이다. 건기에는 파도가 없는 화이트 비치쪽 이용이 활발해지는데 앙골 포인트와 발링하이 앞에서 스노클링을 하고 푼타벙가 비치에서 점심을 먹는 코스가 일반적이다. 우기에는 블라복 비치에서 벙커가 출발하며 북쪽의 일리일리간 비치와 크로커다일 섬을 스노클링 포인트로 이용한다. 피크닉은 탐비산 비치와 일리일리간 비치, 그리고 라우렐 섬을 이용한다. 스노클링과 피크닉 환경은 화이트 비치 쪽보다 더 좋아서 날씨만 괜찮다면 우기의 호핑 투어가 만족도는 더 높은 편이다.

아일랜드 호핑 투어 미리보기

아름다운 근교의 섬을 돌아보고 바닷속 스노클링, 점심 식사 등이 포함되어 알차게 즐길 수 있다. 호핑의 코스는 정해져 있는 것이 아니라 날씨나 여유시간 등에 의해 결정되며, 업체마다 방문하는 코스나 스노클링 포인트가 약간 다르다. 모집 호핑은 큰 문제가 없으면 스노클링과 점심 식사를 즐기며 섬을 돈다. 개별 호핑은 식사시간과 휴식에 더 많은 비중을 두기 때문에 섬을 도는 데서 시간을 절약한다. 투어는 보통 오전 9시 정도에 시작해서 오후 4~5시 정도에 끝나는 것이 일반적이다. 아래에서 지역별 일반적인 호핑 투어 과정을 소개한다.

• **포함 내역**
벙커 이용료, 점심 식사, 스노클링 장비, 라우렐 섬(크리스털 코브) 입장료 200P

• **준비물**
수영복 또는 물에 들어갈 수 있는 간편한 복장, 선크림, 선글라스, 모자, 긴소매 외투, 카메라 등

벙커를 타고 출발!
일반적으로 스테이션 3에서 집합한 뒤 벙커를 타고 출발한다. 날씨나 시즌에 따라 차이는 있지만 먼저 라우렐 섬(크리스털 코브)으로 향한다.

라우렐 섬(크리스털 코브) 도착
20분 정도 바다를 달려가면 아름다운 라우렐 섬(크리스털 코브)이 나온다. 조형물, 조각, 코티지 등 아기자기하게 꾸며져 있어서 섬을 한 바퀴 돌아보면서 기념사진을 찍기에도 좋다. 바다와 연결되는 동굴이 있는데 물이 빠지면 스노클링을 즐길 수 있다. 입장료 200P 별도.

맛있는 점심 식사
간단하지만 알찬 점심 뷔페식이 제공되는 것이 일반적이다. 호핑 가격에 따라서 질의 차이는 있는 편. 개별 호핑으로 흥정해서 갈 경우 디 탈리파파 시장에서 해산물을 사서 바비큐를 즐길 수도 있다.

푸른 바닷속에서 스노클링
시즌이나 업체에 따라 차이는 있지만 발링하이 비치나 앙골 포인트에서 자유롭게 스노클링을 즐긴다. 스노클링 장비는 업체에서 제공한다.

에메랄드빛으로 빛나는 푸카셀 비치
화이트 비치 못지않게 투명하게 빛나는 푸카셀 비치에 도착한다. 막 찍어도 화보가 되는 아름다운 해변으로 고운 모래와 푸른 바다를 배경으로 꼭 기념사진을 찍어두자.

보라카이 팔라우 세일링

팔라우 세일링 Palau Sailing
세일링이란 돛으로 바람을 받아 움직이는 요트나 이와 비슷한 원리를 이용한 배를 타고 항해하는 것을 의미한다. 세일링은 경비가 많이 드는 고급 스포츠에 속하지만 보라카이에서는 전통 선박인 팔라우 Palau를 이용해서 저렴하게 즐길 수 있다. 해가 질 무렵에 진행하는 선셋 팔라우는 필리핀에서 반드시 해봐야 할 필수 코스이다.

팔라우 타는 방법
여행사에서 예약해주기도 하지만 보라카이에서는 오후만 되어도 화이트 비치에 팔라우가 모여든다. 흥정하는 호객꾼이 즐비하고 가격도 비싼 편이 아니라 그 자리에서 바로 흥정해서 타는 것이 일반적이다. 가격은 호객꾼마다 다르지만 선셋 팔라우 기준으로 1대당(4명 탑승 기준) 700P 안팎이 적정가다. 인원이 추가되면 1명당 100P 정도씩 추가된다고 생각하면 된다. 인원을 맞춰서 바다로 나가기 때문에 다른 일행과 함께 팔라우를 타기도 한다. 흥정은 필수이며 적정가를 제시해서 바가지를 쓰지 않도록 하자. 가끔 예약금을 받고 약속된 장소에 나오지 않는 사기를 당하기도 하니 유의하자. 선셋 팔라우는 약 30분 정도 진행된다. 배에 탈 때는 산 미구엘 맥주나 망고 셰이크 등을 테이크아웃해서 들고 타자. 바다 한가운데에서 황홀한 선셋을 감상하면서 마시는 산 미구엘의 맛은 상상 이상으로 짜릿하다.

팔라우 자세히 보기
기본적으로 양쪽 날개가 있어 벙커와 비슷하게 균형을 유지한다. 가운데에 돛을 거는 기둥이 위로 뻗어있고, 바람을 안도록 만들어진 돛이 있다. 벙커와 달리 날개 쪽에 그물로 만든 공간이 있어 사람들이 앉을 수 있도록 해놓았다.
또한 팔라우는 엔진 없이 순수하게 삼각돛에 순풍을 실어 움직인다. 그 때문에 키를 잡고 방향을 조정하는 조타수가 있고, 양쪽 무게와 돛을 조정하는 조수가 있다. 바람의 힘으로 움직이므

로 속도는 일정하지 않고, 바람이 없을 땐 노를 젓는 패들링으로 움직이기도 한다. 요트처럼 목표를 향해 직선으로 움직이지 못하고 주로 갈지자로 바람을 이용해 전진한다. 크기에 따라 다르지만 2~4명의 직원이 타고 손님은 2~6명까지 탈 수 있는데 무게를 맞춰 양쪽에 나눠 앉아야 한다. 팔라우 중앙에는 짐이 물에 젖지 않도록 만들어놓은 내부 공간이 있어 카메라나 중요한 물건을 넣어두면 된다.

팔라우의 미학

벙커가 선을 보이기 전까지 팔라우는 필리피노들이 섬과 섬 사이를 이동하는 교통수단이자 어부들에게는 삶의 방편이었다. 7000여 개의 섬으로 이루어진 필리핀에서 동력 보트가 없던 시절 팔라우가 갖는 중요함은 우리의 상상 이상일 것이다. 그런 점에서 팔라우는 가장 필리핀다운 상징이라고 할 수 있다. 바람을 한껏 안고 바다를 가르는 팔라우는 멀리서 바라보는 사람에게는 평화를, 그 안에 몸을 싣고 있는 사람에게는 상쾌함과 짜릿함을 가져다준다. 시끄럽고 환경에 영향을 주는 모터 없이, 기름 한 방울 사용하지 않고 순수하게 바람을 이용해서 움직이는 팔라우. 그 위에서 우리는 자연과 동화되는 느낌을 갖는다. 해 질 녘 대자연 속에서 팔라우가 만들어내는 실루엣은 실로 감동적이다. 꼭 한 번쯤은 팔라우의 그물 위에 앉아 그 그림의 일부가 되어보길 권한다. 멋진 풍광과 분위기에 정신을 못 차리겠지만 한 순간 쯤은 눈을 감고 귀만 열어보자. 돛에 바람이 부딪히고 나무가 바다에 스치는 그 신비로운 소리와 순간을 놓치지 않기를 바란다.

아리엘 다이빙 포인트 투어

누구나 하는 호핑 투어 대신 색다른 비치 투어를 즐기고 싶은 여행자라면 아리엘 포인트에 도전해보자. 한국인보다는 서양인 여행자들 사이에서 먼저 인기를 끈 다이빙 포인트 투어는 말 그대로 다이빙을 할 수 있는 포인트로 절벽 위에서 자유롭게, 또 용감하게 뛰어내리는 색다른 체험이다. 자연적인 암석에 생긴 다이빙 포인트가 3m부터 13m까지 높이에 따라 단계별로 나뉘어 있는데, 단순히 뛰어내리는 것이 전부지만 뛰어내릴 때의 그 떨림과 짜릿함은 상상 이상이다. 뛸 수 없다고 해도 과감하게 뛰어내리는 사람부터 다이빙 대 위에서 떨어지지 못하고 갈팡질팡 고민하는 사람들을 바라만 봐도 즐겁다.

다이빙 외에도 바다 위에서 카누를 타고 스노클링을 즐길 수도 있다. 점심은 간단한 바비큐와 함께 제공되며 맥주, 음료, 간식 등은 무제한으로 먹을 수 있다. 투어는 오전 11시 30분에 출발해서 오후 4~5시 정도에 돌아온다.

아리엘 포인트 투어 미리보기

<u>11:30 아리엘 포인트로 출발</u>
아리엘 하우스에서 모인 후 배를 타고 아리엘 포인트로 향한다. 배에서부터 신나는 음악을 들으며 업된 분위기를 즐길 수 있다. 약 30~40분 후 아리엘 포인트에 도착한다.

<u>12:00 아리엘 포인트 도착</u>
아리엘 포인트에 도착해서 절벽 위로 이동한다. 다이빙 높이에 따라 나뉜 절벽에서 하나, 둘 다이빙에 도전하기 시작한다. 낮은 높이부터 시작해 점점 높이를 높여보자. 맥주와 음료는 무료!

<u>14:00 점심 시간</u>
간단한 바비큐가 포함된 뷔페식 점심 식사 시간. 다이빙 후 먹는 점심의 맛은 꿀맛. 음료와 과일까지 마음껏 즐기자.

<u>15:00 자유 시간</u>
카약을 타면서 망망대해를 누려도 좋고 스노클링 장비를 빌려주니 바닷속 체험에 나서도 좋다. 다이빙의 매력에 푹 빠졌다면 계속 다이빙을 하며 놀아도 좋다.

<u>17:00 화이트 비치로 귀환</u>
투어를 마치고 다시 배를 타고 30~40분 정도를 달려 화이트 비치에서 해산!

TIP 아리엘 포인트 예약하기

스테이션 1 지역 메인 로드에 위치한 보라카이 비치 클럽 Boracay Beach Club에서 전날 미리 티켓을 살 수 있다. 당일 11:30에 출발하며 스테이션 1의 클럽 팔라우 Club Paraw와 오바마 그릴 Obama Grill 사이에 위치한 아리엘 하우스 Ariel's House에 모여서 출발한다.
요금 1인 2000P
전화 036-288-6770
홈피 www.arielspoint.com

이밖의 보라카이 액티비티

윈드서핑과 카이트 보딩
Wind Surfing & Kite Boarding

바다 바깥쪽의 산호 벽이 파도를 막아주는 블라복 비치는 아시아에서 윈드서핑과 카이트 보딩의 중심지로 명성이 높다. 적당한 바람이 부는 11월부터 3월까지가 윈드서핑과 카이트 보딩 성수기다. 보라카이에는 꽤 많은 업소가 있는데 한국 여행자에겐 서퍼 스테이션과 윈드피아가 대표적이다. 카이트 보딩은 교육에 3~4일 정도 걸리는데, 비용은 US$350~400이며 윈드서핑은 3일에 US$350~450 정도다.

승마 Horse Riding

다소 의외지만 보라카이에는 승마를 할 수 있는 시설이 있다. 보라카이 호스 라이딩 스테이블 Boracay Horse Riding Stable(오픈 06:00~18:00 전화 036-288-3311)은 1986년에 문을 연 보라카이 유일의 승마장이다. 메인 로드 화이트 하우스 건너편에 있다. 요금은 1시간 590P, 2시간 1080P, 리딩 요금 50P, 레슨비 825P 등이다.

골프 Golf

페어웨이 & 블루워터 골프 코스 Fairways & Bluewater Golf Course는 보라카이에서 하나뿐인 18홀 골프장이다. 18홀 골프 코스는 변화무쌍한데 골프를 치면서 양쪽으로 펼쳐진 바다를 볼 수 있어 시원한 느낌이 든다. 회원제로 운영하지만 현지 여행사나 스쿠버 숍 등을 통해 예약할 수 있다. 요금은 평일과 주말(금~토요일)이 다르며 9홀은 2700~3200P, 18홀은 4450~4900P 정도. 그 외 카트와 골프채 렌탈과 캐디 비용 등이 든다.

이 밖에 스쿠버 다이빙, 제트스키, 바나나 보트, 패러세일링, ATV, 버기카, 짚라인 등 보라카이 주요 액티비티는 P.22~25에 소개하고 있다.

TIP 알아두면 편리한 한인 여행사

필리핀에는 자유 여행자를 대상으로 서비스하는 한인 여행사가 꽤 많은데, 알아두면 다양한 액티비티 뿐만 아니라 국내선 항공권이나 픽업, 투어 예약 등 다양한 면에서 도움이 된다. 자유여행자가 현지에 있는 한인 여행사를 찾는 이유는 우선 편리하고 안정적이며 가격도 저렴하기 때문이다. 사실 비슷한 서비스를 제공하는 현지 여행사는 찾기 어렵기 때문에 가격을 비교하기는 어렵지만, 일단 한국의 단체 여행객을 상대하는 여행사와 가이드가 설정해놓은 높은 옵션 가격을 피하는 것만으로도 의미가 있다.

엔조이 필리핀(www.njoypp.com)은 대표적인 현지 한인 여행사다. 운영자인 허진희 씨는 2002년 보라카이로 이주한 후 아쿠아의 현지 사무소를 맡기 시작해 2005년부터는 자체적으로 여행사를 설립했고, 2007년부터는 디 몰에 찹스틱이라는 식당도 운영하고 있다. 가이드가 아닌 보라카이를 사랑하는 여행자로서 섬에 왔고, 그 자세로 삶을 영위하기 때문에 여행자의 입장에서 생각하고 도움을 준다. 프리 윌리의 다이빙 강사로 일하는 남편과 엔조이 필리핀의 코디네이터로 일하는 동생들까지 가족끼리 운영해 팀워크도 훌륭하다. 엔조이 필리핀에서 제공하는 서비스는 다음과 같다(다른 현지 한인 여행사들도 비슷한 서비스를 제공한다).

- 리조트 예약 / 국내선 예약 / 픽업 샌딩 / 호핑 투어, 팔라우 세일링, ATV 등의 액티비티 예약 / 스파 예약 / 여행과 사업 컨설팅 / 레스토랑 할인이 가능한 멤버십 카드 대여(150P, 반납 시 50P 환불)
- 엔조이 필리핀
  전화 070-8263-7576, 63-36-288-5817 **홈피** www.njoypp.com

The Other Part
기타 지역

화이트 비치에 버금가는 다채로운 매력

보라카이를 찾는 대부분의 여행자들이 화이트 비치에서 머물지만, 사실 그 몇 배에 달하는 공간이 화이트 비치를 에워싸고 있다. 오히려 포화 상태에 이른 화이트 비치에서 벗어나면 더욱 다채로운 매력의 고급 호텔 등의 시설이 있다. 블라복 비치는 화이트 비치에서 걸어서도 쉽게 갈 수 있는 반대편 해변으로 빠른 개발이 이루어지고 있다. 일리일리간 비치, 탐비산 비치 등은 블라복 비치와 함께 화이트 비치의 반대쪽에 위치하는데 우기에는 건기의 화이트 비치처럼 잔잔해 숙소 위치로 고려해볼 만하다. 북쪽의 푸카셀 비치와 동쪽으로 이어지는 해변들은 화이트 비치에 버금가는 아름다운 해변으로, 대형 리조트들이 오픈하면서 주목받고 있다.

SIGHTSEEING

발링하이 비치
Balinghai Beach

번잡한 화이트 비치를 벗어나 무인도에 온 듯한 자유를 느끼고 싶은 이들을 위한 시크릿 비치가 있다. 발링하이 비치는 발링하이 리조트 Balinghai Resort에 있는 전용 해변으로 아는 사람들만 찾아가는 비밀스러운 곳이다.

발링하이 비치를 즐기기 위해서는 우선 발링하이 리조트로 가야 하는데 발링하이 리조트 자체가 미스테리한 매력을 물씬 풍긴다. 울창한 열대의 밀림과도 같은 환경에 자연을 훼손하지 않고 지어져 신비롭다. 돌과 나무로 만든 계단을 따라 내려가면 아름다운 바다가 모습을 드러내며 고운 모래사장과 해변이 나타나 바위, 나무와 더불어 해변을 독차지하고 즐길 수 있다. 특별한 즐길 거리가 있는 것은 아니지만 아름다운 바다를 전세 낸 듯 마음껏 누리는 색다른 경험을 할 수 있다.

발링하이 리조트의 투숙객이 아니어도 바우처를 끊으면 비치를 즐길 수 있다. 요금은 1인당 500P로 단순한 입장료가 아니고, 해변에 있는 레스토랑에서 금액만큼 음식과 음료를 시킬 수 있는 것으로 물놀이 후 식사를 즐기기에 제격이다. 음식이 비싼 편도 아니어서 1인당 500P면 푸짐하게 식사와 음료, 맥주 등을 마음껏 마실 수 있다. 다만 건기에만 바다가 아름다운 편이므로 우기에는 추천하지 않는다. 디 몰에서 트라이시클로 약 20분 소요되며, 편도 요금 150P 정도 선이다.

지도 P.66-D
위치 보라카이 북쪽
요금 500P(입장료 + 해변 레스토랑 음식)

SIGHTSEEING

푸카셀 비치
Puka Shell Beach

길이 700m 정도로 화이트 비치에 이어 두 번째로 큰 해변이다. 한때 보석으로 분류될 만큼 가치가 있던 조개 껍데기 푸카셸 Phuka shell이 이곳 해변에 많아 푸카셸 비치라는 이름을 얻게 되었다. 우리나라에서는 이효리가 망고 주스 광고를 찍은 곳으로 유명하다. 해변의 육지 쪽 입구에는 노점상이 줄지어 있는데, 대부분 푸카셸로 만든 목걸이를 판다. 같은 푸카셸 목걸이라도 품질이 서로 다르지만 150P 정도면 웬만한 제품을 살 수 있다. 푸카셸 비치에는 숙소는 없고 식당만 몇 곳 있다. 주로 해산물과 필리핀 음식을 취급한다.

지도 P.66-A
위치 보라카이 북쪽에 위치. 트라이시클로 약 20분

SIGHTSEEING

루호 산 전망대
Mt. Luho View Point

'관광'이라는 단어와 잘 어울리는 장소다. 보라카이에서 가장 높은 곳에 위치해 전망이 좋기 때문이다. 가까운 쪽에 있는 블라복 비치를 한눈에 내려다볼 수 있을 뿐 아니라 남동쪽으로는 까띠끌란 공항이 있는 파나이 섬이 보인다. 보는 이에 따라 전망은 대단하다고 할 수는 없지만 적어도 보라카이를 이해하는 데 도움이 된다. 입장료를 받는 정상 부근에는 음료수와 기념품을 판매하는 휴게소 같은 작은 공간이 있다. 루호 산 전망대는 디 몰에서 트라이시클로 20분 정도 소요되며 일부 오프로드를 거쳐 2~3분 정도 등산을 해야 한다. 오프로드는 ATV 코스로 유명하다.

지도 P.66-E
위치 보라카이 북서쪽에 위치. ATV나 트라이시클을 타고 이동 가능
요금 60P

SIGHTSEEING

라우렐 섬
Raurel Island

파나이 섬과 보라카이 사이에 위치한 조그만 섬으로, 입장료를 내고 들어가야 한다. 식사를 할 수 있는 테이블과 바비큐 시설을 갖추었으며 기념사진을 찍을 수 있도록 조각과 모형을 섬 여러 곳에 조성했다. 북쪽 언덕에 올라가면 보라카이의 동해안이 잘 보인다. 이곳에 바다로 통하는 동굴이 있는데 이곳을 크리스털 코브 Crystal Cove라고 부른다. 나선형 계단을 내려가면 바다를 접한 동굴이 있다. 어둡지만 안쪽까지 들어온 바다는 햇빛 때문에 크리스털처럼 반짝인다. 모험심 강한 사람들은 이곳에서 섬 바깥쪽으로 나가 스노클링을 즐기기도 하는데, 파도가 치면 상당히 위험할 수 있으니 초보자들은 시도하지 않는 게 좋다. 이어지는 섬 바깥쪽은 크로커다일 섬과 함께 보라카이에서 최고의 스노클링 포인트로 꼽힌다. 보통 호핑 투어 중에 들러 미리 준비한 음식으로 피크닉을 즐긴다.

지도 P.67-I
위치 보라카이 남동쪽에 위치. 호핑 투어를 통해 이동 가능
요금 200P, 환경세 20P(개별 호핑 시)

RESTAURANTS

솔라나
Solana

사진 한 장만으로도 로맨틱한 분위기가 물씬 느껴지는 샹그릴라의 인기 명소이다. 최고의 호텔 샹그릴라에서 운영하는 만큼 맛과 서비스에서는 더이상 코멘트하지 않아도 짐작이 될 터. 이곳의 자랑은 바로 해변이 한눈에 들어오는 야외 좌석이다. 연인들의 데이트 장소로도, 가족끼리 오붓한 식사시간을 보내기에도 부족함이 없다. 솔라나에서 식전 칵테일을 즐기고 시푸드 레스토랑인 시네라 Sirena에서 여유로운 디너를 즐겨보는 것도 괜찮다. 시레나의 메뉴를 주문하면 솔라나의 테이블에서도 식사가 가능하다.

지도 P.66-D
위치 화이트 비치 북단, 샹그릴라 보라카이 내에 위치
주소 Barangay Yapak, Boracay Island
오픈 17:00~24:00
요금 1인 500P~
전화 036-288-4988
홈피 www.shangri-la.com/boracay/boracayresort/dining/bars-lounges/solana/

> RESTAURANTS

세븐스 노트 카페
7th Note Café

블라복 비치에 있어 접근성도 떨어지고 세븐 스톤 내 비치 쪽이 아니라 안쪽에 자리해 전망도 그다지 좋은 편이 아니다. 그럼에도 꽤 괜찮은 분위기와 음식 맛, 서비스가 가치를 높인다.

메인 메뉴를 주문하면 함께 제공하는 각종 허브, 올리브 오일을 섞은 소스와 식전 빵도 일품이다. 재료를 아낌없이 쓰고 면을 적당히 익힌 파스타와 피자도 맛있다. 디저트나 페이스트리를 주문하면 커피 주문 시 15% 할인해준다.

지도 P.100-C
위치 블라복 비치, 세븐 스톤 리조트 내
오픈 07:00~22:00
요금 미트러버 피자 475P, 파스타 225P~(부가세 10%)
전화 036-288-1601

> RESTAURANTS

팔레이
Palay

아샤 프리미어 스위트 내에 숨어 있는 보석 같은 레스토랑이다. 분위기가 아주 좋은 데다 음식도 맛있다. 리조트를 가로질러 돌계단을 내려오면 레스토랑이 자리하고 있는데 야외라서 앞쪽에 놓인 테이블에선 눈부신 바다가 한눈에 들어온다. 백사장도 좋아 식사 후 거닐어도 좋다. 가격은 비싼 편이지만 번잡한 디 몰 주변을 벗어나 여유롭고 품격 있는 식사를 즐길 수 있다는 점을 생각하면 아깝지 않다.

지도 P.67-H
위치 칵반 비치, 아샤 프리미어 스위트 내
오픈 07:00~22:30
요금 피자와 파스타 350P~, 샌드위치 300P~(부가세 & 봉사료 22%)
전화 036-288-1790
홈피 www.asyapremier-boracay.com

> SPA

띠르따 스파
Tirta Spa

보라카이의 하이엔드급 스파로 유일하게 손꼽히던 만달라 스파에 강력한 라이벌이 나타났다. 빌라 3개로 시작해 계속 시설을 늘려나가고 있고, 숙소까지 운영할 예정이라니 앞으로가 더 기대된다.

2007년 오픈한 띠르따 스파 Tirta Spa는 본인 스스로를 스파 마니아라고 칭하는 운영자 앤이 수년간 외국에서 스파에 대해 공부한 후 보라카이 최고의 럭셔리 스파를 지향하며 야심차게 문을 연 곳이다.
공간에 인색한 보라카이에서는 드물게 넓은 부지에 아기자기한 정원이 있다. 이곳 사장이 수년간 여행을 다니며 사 모은 앤티크 가구로 꾸민 3개의 스파 룸이 하이라이트. 각각 발리, 태국, 인디아 콘셉트로 꾸민 스파 룸은 샤워 시설, 화장실, 일본식 연못, 저쿠지, 비시 샤워 등의 시설을 충실하게 갖춰 럭셔리하다.

지도 P.67-H
위치 탐비산 방향 소방서 옆, 디 몰에서 트라이시클을 타고 약 20분
오픈 09:00~24:00
요금 띠르따 시그너처 마사지 3355P(90분)
전화 036-260-2488
홈피 www.tirtaspa.com

포세이돈
Poseidon

영턱스클럽 출신 가수 임성은 씨가 운영해 우리나라 미디어에도 소개된 적 있는 고급 스파다. 원래 빌라를 염두에 두고 지은 곳이라 스케일이 크고 디자인이 독특하다. 트리트먼트 룸은 그 자체가 한 채의 빌라라고 생각하면 된다. 실내에 베드가 놓여 있고 바깥쪽으로는 수영장과 저쿠지, 스크럽을 진행하는 비시 샤워가 있다. 스파는 먼저 30분 동안 자유 수영과 저쿠지로 시작하며 스크럽, 마사지 순으로 진행된다. 스크럽은 이곳이 자체 개발한 노니액과 흑설탕이 함유된 용품으로 이루어진다. 마사지는 나체로 진행되며 중요 부위는 테라피스트가 알아서 가려준다. 요금은 2시간에 약 US$100 정도.

지도 P.100-B
위치 메인 로드에서 마운틴 로드로 가는 방향
오픈 13:30~24:00(13:30부터 2시간 30분 단위로 예약을 받으며 마지막 타임은 21:30)
전화 036-288-3616

마리스 스파
Maris Spa

페어웨이 & 블루 워터 리조트 내에 있는 고급 스파로, 독립된 빌라 형식의 트리트먼트 룸이 한 채씩 정원 길을 따라 자리하고 있다. 바다를 코앞에 두어 낮에는 낮대로, 밤에는 밤대로 분위기가 좋다. 빌라 내부도 저쿠지를 비롯해 시설이 나무랄 데 없다. 해초와 노니를 이용한 스크럽과 마사지로 유명한데 트리트먼트는 나체 상태로 진행된다. 시설과 프로그램 내용이 럭셔리한 데 비해 나체로 진행하기에 더 세심해야 할 테라피스트들의 서비스와 배려가 2% 부족해 예민한 사람이라면 민망할 수 있다.

지도 P.66-D
위치 페어웨이 & 블루 워터 리조트 내
오픈 11:00~23:00
전화 036-288-5587

STAYING

샹그릴라 보라카이
Shangri-La's Boracay

보라카이에 샹그릴라가 오픈한 것은 보라카이가 세계적인 휴양지가 되었음을 보여준다. 샹그릴라는 보라카이에 문을 연 첫 번째 국제적인 럭셔리 리조트이다. 2008년 말에 오픈했으며 객실은 크게 일반 객실과 스위트, 빌라 형태로 구분된다. 가장 하위 카테고리인 딜럭스 룸도 세계적인 브랜드 샹그릴라답게 여유롭고 고급스럽다. 룸은 모던함에 필리핀 고유의 느낌을 가미한 인테리어로 꾸며져 있다. 세계 최고 수준의 호텔인 만큼 각종 부대시설 또한 훌륭하다. 워터 스포츠 센터를 비롯해 스파, 레스토랑, 바 등 호텔을 나서지 않고도 충분히 시간을 보낼 수 있을 정도로 다양한 프로그램과 시설을 갖추고 있다. 특히 점심 뷔페는 나름 합리적인 가격에 음식 수준도 높은 편으로 이곳에 묵는다면 한 번쯤 맛보자. 푼타벙가 비치를 단독으로 사용한다는 점도 럭셔리한 스타일과 서비스에 한몫한다.

지도 P.66-D
위치 푼타벙가 비치
요금 딜럭스 US$520~
전화 036-288-4988
홈피 www.shangri-la.com/boracay/boracayresort

STAYING

아샤 프리미어 스위트
Asya Premier Suites

한동안 꽤 크게 인기를 끌었던 아샤 보라카이가 문을 닫고 더욱 업그레이드되어 프리미어 스위트로 새롭게 오픈했다. 칵반 비치에 위치해 조용하고 평화로우며 신비스러운 분위기마저 감돈다.
로비로 들어서 길게 늘어선 돌계단을 내려오면 절로 미소가 지어지는 넓고 아름다운 수영장이 눈에 들어오는데, 수영장에서 해변이 내려다보여 더욱 아름다운 느낌이다. 객실은 프리미어 스위트와 프렌지덴셜 스위트로 구분되며 프리미어 스위트도 110m2 정도로 사이즈가 넉넉하다.

지도 P.67-H
위치 칵반 비치, 스테이션 3와 비치로 연결
요금 프리미어 스위트 1만8000P~
전화 036-288-1790
홈피 www.asyapremier-boracay.com

STAYING

나미
Nami

나미는 15개의 객실이 절벽 중턱에 위치한 숙소로 최고의 바다 전망을 자랑한다. 객실과 바다를 연결하기 위해 엘리베이터까지 설치했다. 아무나 드나들지 못해 프라이빗한 느낌이 강하다. 객실은 3개의 건물에 나뉘어 있는데, 전망이 좋고 욕실과는 별도로 테라스에 저쿠지가 있다. 로맨틱한 분위기 때문에 커플이나 신혼여행객들에게 인기다. 계단을 많이 오르내려야 하는 불편함이 있지만 객실과 레스토랑, 엘리베이터에서 펼쳐지는 바다 전망이 그것을 보상해준다.

지도 P.66-D
위치 화이트 비치 북쪽의 디니위드 비치
요금 US$165~
전화 036-288-6753
홈피 www.namiresorts.com

[STAYING]

팜즈 오브 보라카이
The Palms of Boracay

65개의 객실을 갖춘 아담하고 아름다운 숙소로, 디 몰과 거리가 멀지만 셔틀버스를 운행해 단점을 보완한다. 객실은 51개의 스튜디오 스위트와 9개의 투 베드 룸, 3개의 스리 베드 룸을 갖추고 있다. 스튜디오 아파트먼트는 2인실임에도 상당히 공간이 여유로우며 소파, 책상, 테이블, 싱크대 등을 갖추어 장기 투숙하기에도 좋다. 객실 내부는 심플하면서도 편리하게 꾸몄고 바깥쪽으로 아담한 테라스도 설치되어 있다. 스파와 레스토랑도 갖추었으며 레스토랑 옆에 위치한 수영장은 리조트에 비해 규모가 크다.

지도 P.66-D
위치 보라카이 북단
요금 스튜디오 아파트 US$201~
전화 036-288-1361
홈피 palmsboracay.com

[STAYING]

타나윈 리조트 앤 럭셔리 아파트
Tanawin Resort and Luxury Apartments

2007년에 문을 연 곳으로 블라복 비치에 위치한 아파트먼트 스타일의 숙소다. 원 베드 룸부터 스리 베드 룸까지 다양한 타입의 객실이 있어 인원수가 많은 여행자도 커버할 수 있다. 일반 호텔보다 객실이 넓은 편이라 공간이 여유롭고, 취사가 가능한 주방 시설이 완비되어 있어 아이를 동반한 가족여행객이나 장기 투숙객에게 잘 어울린다. 블라복 비치 쪽에 있어서 붐비지 않고 한가롭게 쉴 수 있는 환경이며, 한 시간에 한 대씩 디 몰로 가는 셔틀버스를 제공해 편하게 이동할 수 있다. 높은 지대라서 수영장에서 보이는 전망이 탁월하다.

지도 P.66-E
위치 루호산 전망대 근처, 디 몰까지 셔틀로 약 15분
요금 원 베드 룸 딜럭스 US$150
전화 036-288-6654
홈피 tanawinresortboracay.com

> STAYING

발링하이 리조트
Balinghai Resort

무인도에 있는 것처럼 프라이빗하고 자연 친화적 숙소를 경험하고 싶은 여행자라면 이곳을 눈여겨보길. 작고 예쁜 해변에 위치한 발링하이는 몇십 년 전으로 돌아간 듯한 섬 스타일의 자연미를 보여준다. 객실은 5개 뿐이며 TV도 에어컨도 없고 심지어 객실 창문도 유리로 막혀 있지 않아 벌레가 들어오는 것을 감안해야 한다. 대신 방에서 바라보는 아름다운 바다 전경과 전세를 낸 듯 한적한 비치에서 진정한 휴식과 평화를 맛볼 수 있다. 이렇듯 워낙 개성이 뚜렷한 호텔이라 개인에 따라 선호도가 명확하므로 다른 사람들의 리뷰를 읽고 신중히 선택해야 한다.

지도 P.66-D
위치 보라카이 북단, 발링하이 비치 앞
요금 방갈로 US$64~
전화 036-288-3646
이메일 balinghai@hotmail.com

> STAYING

페어웨이 & 블루 워터 골프 리조트
Fairways & Blue Water Golf Resort

보라카이 전체의 11분의 1 정도의 거대한 부지로 이루어진 이곳은 10여 년 전 골프장으로 문을 연 곳이다. 객실 수는 150개이며 지금도 계속 추가하고 있다. 리조트의 중심이 골프이긴 하지만 2개의 수영장과 부대시설, 아름다운 2개의 전용 비치가 있어 조용하게 휴양을 즐기고 싶어 하는 가족여행객들이 선호한다.

지도 P.66-D
위치 화이트 비치 북쪽 언덕
요금 스탠더드 US$85~
전화 036-288-7094
홈피 www.fairwaybluewater.com

[STAYING]

MNL 비치 호스텔
MNL Beach Hostel

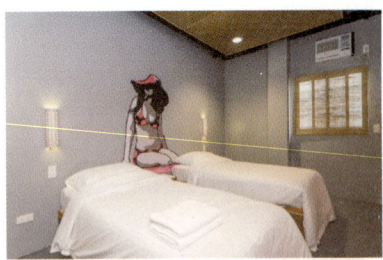

보라카이 여행에 숙소 요금이 부담스럽다면 호스텔로 눈을 돌려보자. 객실은 여럿이 함께 머무는 도미토리부터 더블, 트윈과 같은 전용 객실도 준비되어 있다. 도미토리 객실은 4인부터 10인까지 다양한 타입이 있으며 에어컨의 유무, 여성 전용 도미토리 등에 따라 가격이 달라진다. 무선 인터넷과 간단한 아침 식사를 제공하며 4층으로 올라가면 블라복 비치가 훤히 보이는 야외 공간이 나타난다. 이곳에는 포근한 소파가 있어 쉬어가기도 좋고 저녁이면 여행자들이 맥주를 마시며 교류하는 장소가 된다.

지도 P.100-C
위치 버짓 마트 맞은편의 길 따라서 블라복 비치 방향으로 도보 약 5분
요금 도미토리 550P~
전화 063-917-702-2160
홈피 www.mnlhostels.com

[STAYING]

세븐 스톤스 보라카이 스위트
Seven Stones Boracay Suites

슈피리어 룸을 제외한 모든 룸이 스위트룸이다. 화이트 비치를 제외한 기타 지역에서는 가장 합리적인 가격에 분위기도 좋은 편이다. 단, 블라복 비치에 위치해 바람이 심하고 편의 시설이 없어 화이트 비치 쪽으로 매번 이동해야 하는 번거로움이 있다. 우기에는 바다가 잔잔해 조용한 휴식처로 좋은 선택이 될 수 있을 것이다.

지도 P.100-C
위치 블라복 비치, 디 몰 앞 메인 로드에서 길을 건너 안쪽
요금 딜럭스 스위트 US$222~
전화 036-288-1601
홈피 www.7stonesboracay.com

STAYING

블루 라군 빌라
Blue Lagoon Villas

지중해풍의 하얀 빌라 사이사이를 연결하는 시원한 풀이 인상적인 곳이다. 단 4개의 객실로 이루어져 있는데, 공간이 넓은 편이고 가장 낮은 등급을 제외하고는 모두 간단한 조리 시설을 갖추고 있다. 객실에 따라 복층 구조로 이루어지거나 저쿠지가 있는 등 상당히 고급스러운 빌라의 면모를 갖추었다. 그러나 규모가 워낙 작아 서비스나 관리 면에서는 부족할 수도 있다. 우기에 조용한 툴루반 비치에서 한적하게 휴식을 즐기고 싶은 이들은 눈여겨볼 만하다.

지도 P.67-H
위치 툴루반 비치 앞
요금 더블 딜럭스 US$90~
전화 036-288-5640
홈피 www.thebluelagoonvillas.com

STAYING

그랜드 비스타
Grand Vista

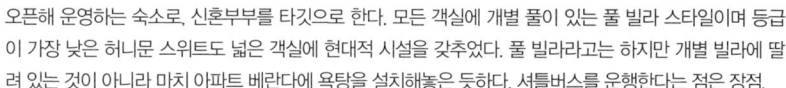

화이트 비치를 내려다보는 언덕에 위치한 그랜드 비스타는 한국인이 오픈해 운영하는 숙소로, 신혼부부를 타깃으로 한다. 모든 객실에 개별 풀이 있는 풀 빌라 스타일이며 등급이 가장 낮은 허니문 스위트도 넓은 객실에 현대적 시설을 갖추었다. 풀 빌라라고는 하지만 개별 빌라에 딸려 있는 것이 아니라 마치 아파트 베란다에 욕탕을 설치해놓은 듯하다. 셔틀버스를 운행한다는 점은 장점.

지도 P.66-D
위치 알타비스타에서 200m 언덕
요금 트윈 룸 US$187~
전화 036-288-5818
홈피 www.egrandvista.com

STAYING

웨스트 코브
West Cove

디니위드 비치 끝자락에 위치한 웨스트 코브는 뛰어난 전망과 독특한 스타일로 여행자들의 눈길을 사로잡는 곳이다. 지중해풍의 동글동글한 건축양식은 마치 스머프의 집을 연상케 하며 절벽에 위치해 객실에서 바라보는 전망만은 가히 최고라 할 수 있다. 내부는 아기자기한 분위기이며 모든 객실에서 해변을 볼 수 있다. 반면 위치와 교통이 좋지 않고 수영장이 없는 등 장단점이 뚜렷한 곳이다.

지도 P.66-D
위치 디니위드 비치에서 절벽 길을 따라 도보 약 5분
요금 스탠더드 US$140
전화 036-288-4279

SPECIAL

투명한 아름다움, 디니위드 비치

보라카이에는 화이트 비치만 존재하는 것이 아니다. 섬 곳곳에 아름다운 해변이 있는데 디니위드 비치도 그중 한 곳이다. 보라카이의 북쪽에 있는 디니위드 비치는 화이트 비치 못지않게 바다가 아름답고 투명하며 해변 끝에는 절벽과 그 위에서 아찔한 전망을 감상할 수 있는 리조트와 레스토랑이 있다. 365일 사람들로 붐비는 화이트 비치를 벗어나 트라이시클을 타고 한적한 디니위드 비치로 비치 트립을 떠나보자. 수건을 챙겨서 해변에서 마음껏 놀아도 좋고 유명한 나미 리조트나 스파이더 하우스에 딸려 있는 레스토랑에서 식사를 즐겨도 좋다. 해변에도 분위기 좋은 레스토랑이 3~4곳 있으므로 신나게 수영을 하고 이곳에서 식사나 칵테일, 맥주를 즐겨도 좋다. 스테이션 1, 2, 3에서는 트라이시클로 150~200P(편도)를 주고 달려가면 나온다.

디니위드 비치의 인기 레스토랑

나미 레스토랑
Nami Restaurant

나미 리조트에서 운영하는 리조트 내 레스토랑으로 이곳에서 바라보는 전망이 워낙 탁월해서 여행자들이 일부러 찾아오는 명소가 되었다. 디니위드 비치 절벽에 있어 이곳의 명물인 대나무 엘리베이터를 타고 올라가면 투명한 디니위드 비치가 한 눈에 내려다보인다. 브런치 메뉴부터 샌드위치, 샐러드, 파스타 등 식사메뉴와 맥주, 주스, 칵테일 등의 다양한 음료 메뉴가 있다. 저녁에는 특히 로맨틱한 디너를 즐길 수 있어 커플들 사이에서 인기다.

지도 P.66-D **위치** 디니위드 비치, 나미 리조트 내 **오픈** 08:00~ 22:00
요금 파스타 350P, 칵테일 200P(봉사료 10%) **전화** 036-288-6753 **홈피** www.namiresorts.com

스파이더 하우스
Spider House

나미 리조트를 지나서 있는 스파이더 하우스는 더 원시적인 섬의 낭만이 물씬 풍기는 곳이다. 코앞에는 푸른 바다가 출렁이고 카페 안에는 대나무로 만든 좌식 의자와 해먹이 걸려있어 자유로운 열대의 분위기 속에서 여유를 맛볼 수 있다. 메뉴는 필리핀 음식, 파스타, 그릴, 초밥 등 다양한 편인데 초밥보다는 필리핀 음식이나 감자튀김, 오징어튀김 등의 가벼운 스낵이 무난하다. 바로 옆 나미 레스토랑에 비해 더 편안하고 캐주얼한 분위기. 바다 위에 만든 덕분에 대나무 바닥 사이로 푸르게 빛나는 바다가 보이고 원한다면 언제든 바로 바다로 풍덩 뛰어들 수 있다. 투명하게 비치는 환상적인 디니위드 비치를 바라보면서 망중한을 즐겨보자.

지도 P.66-D **위치** 디니위드 비치. 나미 리조트로 들어가면 좁은 통로를 지나서 위치
오픈 09:00~22:00 **요금** 파스타 280P~, 산미구엘 60P(봉사료 10%) **전화** 036-288-2350

와히네 비치 바
Wahine Beach Bar

디니위드 해변에 위치한 바 겸 레스토랑. 바로 앞이 해변이라서 신나게 물놀이를 즐긴 후 식사를 하거나 술을 마시기 좋다. 저녁에는 은은한 조명까지 더해져 로맨틱한 분위기로 물든다. 해산물을 이용한 요리와 신선하고 맛있는 샐러드를 먹을 수 있으며 칵테일 메뉴도 다양하다. 오후 4시부터 7시까지는 해피 아워로 조금 더 저렴하게 음료를 즐길 수 있다.

지도 P.66-D **위치** 디니위드 비치
오픈 10:00~23:00
요금 버거 380P~, 칵테일 120P~(봉사료 10% 별도)
전화 036-288-6288

How to go
Boracay

보라카이 여행 준비

D-50 여행 계획 세우기

여행 스타일 정하기

자유여행
필리핀은 여행자들이 많이 찾는 관광지로 자유여행을 하기에도 큰 어려움이 없다. 간단한 영어는 대부분 통하며 필리핀 사람들도 여행자에게 친절하고 관대한 편이다. 자유여행은 100% 자신의 스타일대로 여행을 계획하고 즐길 수 있어 여행자들이 가장 선호하는 여행 형태로 여행의 참맛을 즐길 수 있다.

에어텔 여행
'Airplane + Hotel'의 합성어로 항공과 숙박이 포함된 상품이다. 정해진 항공과 숙박 외 시간은 마음대로 자유여행을 즐길 수 있다. 항공 스케줄과 원하는 호텔이 포함되어 있고 가격도 합리적이라면 추천할 만하다.

패키지 여행
해외여행 초보이거나 준비할 시간이 없다면 괜찮지만 원치 않는 옵션 투어를 하거나 쇼핑센터를 돌게 될지도 모른다. 이왕이면 자유여행으로 필리핀의 매력을 느껴볼 것을 추천한다.

여행 기간 & 예산 짜기

여행 스타일을 결정했다면, 여행에 할애할 수 있는 시간과 기간에 맞는 대략적인 예산을 세워보자. 필리핀은 우리나라에 비하면 지역별 차이는 있지만 물가가 저렴한 편이다. 여행에 소요될 총 예산을 미리 짜보고 환전할 금액도 산출해보자.

D-45 여권 만들기

여권의 종류
한국 여권은 10년 복수, 1년 단수(1년 동안 1회의 출입국만 가능), 미성년자 5년 복수 등 세 종류가 있다. 여행자로서 가장 좋은 여권은 10년 동안 횟수에 제한 없이 출입국할 수 있는 10년 복수 여권이다. 2008년 8월 25일부터 여권의 보안성과 여행자의 편의 증진을 위해 전자 여권이 도입되었다.

여권 발급처
서울 25개 구청과 광역시청, 지방 도청의 여권과에서 여권 발급 신청을 할 수 있으며 본인이 직접 방문해야 한다. 여권 발급에 소요되는 시간은 3~5일 정도인데, 지역에 따라 일주일 정도 걸리는 곳도 있다. 여권을 수령할 때는 본인의 주민등록증이 필요하며 대리인이 수령할 때는 위임장과 신청인의 주민등록증 또는 그 사본과 대리인의 주민등록증이 필요하다.

일반 여권 신청 시 필요한 서류
여권 발급 신청서 1부, 신분증(주민등록등본 1통, 주민등록증 또는 운전면허증), 여권용 사진 1장(최근 6개월 이내), 여권 발급 수수료(일반 복수 여권 10년 5만3000원(48면), 5만원(24면), 일반 단수 여권 2만원)
※ 병역 의무 해당자는 병역 관계 서류

여권 유효기간
입국일 기준으로 여권의 유효기간이 6개월 이상 남아있지 않으면 입국을 거절당할 수 있으므로, 현지에서 낭패를 당하지 않으려면 여권의 유효기간을 미리 확인하는 것이 좋다. 유효기간이 얼마 남지 않았다면 여권을 재발급받자.

필리핀 비자
한국과 필리핀은 비자 협정이 이루어져 관광이 목적이라면 비자 없이 입국일로부터 21일간 체류할 수 있다. 비자 연장을 신청하면 체류 시간을 늘릴 수 있으며 비자 연장은 30일 단위로 최장 1년까지 연장 가능하다. 필리핀 현지에서 여권을 분실했거나 사고를 당했을 때는 주 필리핀 대사관(02-811-6139)이나 영사관(02-811-8260)으로 연락하면 된다.

> **TIP 여권 유효기간과 여권 분실에 대해**
> 여행 전 꼭 여권 유효기간을 확인하자. 출국일 기준 유효기간이 6개월 미만으로 남아 있다면 관할 여권 발급 기관을 방문해 재발급을 신청해두어야 한다. 여행 중 여권을 분실하면 대사관이나 영사관에 가서 여행용 임시 증명서를 발급받아야 한다. 이때 여권 번호와 사진 2장이 필요하므로 예비로 준비해 가는 것이 좋다. 여권 복사본이 있으면 더 편리하니 복사본과 사진은 여권과 따로 준비해 보관하자.

D-40 항공권 예약하기

여행 날짜가 확정되었다면 항공권을 예약해야 한다. 항공권은 빨리 예약할수록 요금이 저렴하지만 변경이나 취소 시에는 수수료가 추가되니 신중하게 날짜를 정하자.

국제선 예약

한국에서 보라카이까지 국제선이 직항으로 연결되지만 마닐라를 경유해 가기도 한다. 항공 스케줄은 자주 변하므로 각 항공사의 홈페이지에 들어가 최종적으로 확인하는 것이 좋다.

항공권 가격은 시기나 조건에 따라 달라지므로 평소 관심을 갖고 지켜보다가 저렴할 때에 맞춰 여행을 갈 수 있다면 여행 경비를 낮추는 데 도움이 된다. 비용 외에도 기간이나 제약 등 티켓의 조건에 대해서도 잘 살펴봐야 한다. 보통 저렴한 티켓일수록 제약이 많고, 그것을 위반할 때 벌금이 높은 편이다. 국적기인 대한항공과 아시아나는 필리핀항공 등에 비해 가격이 높지만 안전성이나 서비스 면에서 나은 편이다.

항공권 구입은 항공권 전문 여행사나 각 항공사 홈페이지를 참조하면 된다. 각 항공사는 소비자들에게 직판하는 비율을 점점 높이고 있으며, 그에 따라 여행사 못지않은 가격 경쟁력과 다양한 프로모션을 갖추고 있다.

대표 항공사
- 아시아나항공 www.flyasiana.com
- 대한항공 www.koreanair.co.kr
- 세부퍼시픽 www.cebupacificair.co.kr
- 필리핀항공 www.philippineairlines.co.kr
- 에어아시아 www.airasia.com

추천 여행사
- 오케이에어텔 www.okairtel.com
- 탑항공 www.toptravel.co.kr
- 온라인투어 www.onlinetour.co.kr
- 투어익스프레스 www.tourexpress.com
- 웹투어 www.webtour.com
- 투어캐빈 www.tourcabin.com

국내선 예약

필리핀은 섬 국가이다 보니 국내선이 발달해 있다. 국제선으로 한국과 필리핀을 연결하는 필리핀항공, 에어아시아 외에도 필리핀항공의 자회사인 에어필 PAL 익스프레스 등의 항공사가 필리핀 전역을 커버한다.

필리핀 국내선은 꽤 다양한 방법으로 예약할 수 있다. 다음 내용을 읽어보고 자신에게 맞는 방법을 선택하면 된다.

직접 해당 항공사에서 예약하기

필리핀 국내선을 취급하는 모든 항공사(필리핀항공, 씨에어, 에어아시아, 세부퍼시픽)는 자체 홈페이지를 운영하며 홈페이지에서 최신 스케줄과 루트, 예약 기능까지 제공한다. 가끔 말도 안 될 만큼 저렴한 프로모션 요금으로 항공권을 판매하기도 한다. 항공사와 직거래이고 가격도 가장 저렴하니 이보다 더 좋은 예약 방법은 없다. 항공사 홈페이지에서 일단 원하는 루트와 스케줄을 정하고 나서 신용카드로 결제하면 된다. 영어를 사용해야 한다는 부담이 있지만 전화로도 예약할 수 있다. 카드로 결제하지 않는 상태에선 100% 예약을 보장받지 못하는 점에 유의하자.

현지의 한인 여행사나 관련 카페를 통해 예약하기

영문 홈페이지 사용이나 카드 결제가 불안하다면 필리핀 현지의 한인 여행사나 지역 카페를 이용하는 것이 좋다. 여행자는 비용을 지불하고 현지에서 대신 예약해주는 식이다. 수수료가 있어 여행자가 직접 항공사에 예약하는 것보다 약간 비싼 편인데, 편리함에 비하면 크게 부담스러울 정도는 아니다. 선입금이니만큼 믿을 수 있는 곳을 선택하는 것이 중요하다.

예약 없이 가서 직접 구매하기

마닐라/까띠끌란(보라카이)은 의외로 많은 사람들이 직접 가서 구매하고 성공률도 높다. 이것이 가능한 이유는 국내선이 거의 셔틀버스처럼 자주 운항되기 때문이다. 단, 주말이나 휴가철에는 낭패를 볼 수도 있으니 주의하자.

대표 항공사
- 필리핀항공 www.philippineairlines.com
- 에어아시아 www.airasia.com
- 세부퍼시픽 www.cebupacificair.com
- 씨에어 www.flyseair.com

> **TIP 국내선 이용 시 주의 사항**
>
> 1. 경비행기를 이용하는 국내선은 1인당 허용되는 짐 무게가 상당히 적게 책정되어 있다. 씨에어, PAL 익스프레스 등은 1인당 10kg으로 무게가 제한되며 넘을 때는 추가 요금을 받는다. 추가 요금은 항공사에 따라 조금씩 다른데 1kg당 40~50P에 부가세 별도로. 큰 항공기를 이용할 때는 국제선처럼 20kg 정도로 늘어난다.
> 2. 필리핀 공항은 도난이나 안전 문제에 상당히 신경 쓰고 있다. 간단한 도난 사고뿐만 아니라 테러범들의 테러에도 대비하기 때문이다. 그에 따라 짐을 검색하는 일이 많다. 여행자는 자신의 짐 관리에 철저해야 하며 짐 표(Baggage Claim Tag)를 잘 관리해 공항을 나설 때 직원의 제시 요구에 응해야 한다. 짐 표가 없으면 자신의 짐이라는 것을 증명하는 데 시간이 걸린다.
> 3. 국내선은 스케줄 변동이 매우 심한 편이다. 날씨 등 외부적 원인 외에도 인원이 적으면 다음 비행기와 합치는 등 변화가 심하다. 그래서 비행기를 타기 전까지 지속적인 감시(?)가 필요하다. 필리핀에서는 비행기 좌석에 앉기 전까지는 안심할 수 없다.

D-30 숙소 예약하기

숙소를 예약하는 방법은 여러 가지가 있다. 다양한 예약 방법이 있으니, 각각의 장단점을 파악하고 자신에게 맞는 방법을 찾자.

숙소 홈페이지 이용하기

민박을 제외하면 대부분의 숙소가 홈페이지를 갖추고 의욕적으로 개별 여행자의 예약에 대처하고 있다. 따라서 홈페이지나 이메일을 통해 숙소와 직접 협상할 수 있다.

호텔 예약 사이트 이용하기

인터넷으로 조금만 검색해보면 숙소 예약을 전문으로 하는 사이트가 많다. 필리핀뿐 아니라 전 세계를 커버하는 대규모 영문 사이트도 있고, 필리핀 지역의 숙소만 다루는 현지 사이트도 있으며, 한국인이 운영하는 한글 예약 사이트도 있다. 국내 예약 전문 사이트에서는 주로 현지에 사무실을 두고 숙소를 예약해준다.

국외, 국내 예약 전문 사이트는 각각 장단점이 있다. 해외 사이트는 영어로 되어 있어 초보자라면 예약에 대한 두려움이 있을 수도 있고 취소나 환불 시 시간이 걸린다는 단점이 있는 반면, 숙소가 다양해 선택의 폭이 넓다는 장점이 있다. 국내 사이트는 일단 의사소통이 편리하고 전화로도 상담이 가능한 반면, 숙소의 범위가 제한적이다.

필리핀은 유독 현지에 한인이 운영하는 여행사가 많으며 가격 또한 해외 숙소 예약 사이트와 비교해도 경쟁력이 있다. 최소한 2~3곳의 가격을 비교해본 뒤 예약하자.

호텔 예약 해외 사이트
- 부킹닷컴 www.booking.com
- 아시아룸스 www.asiarooms.com
- 아고다 www.agoda.co.kr
- 호텔스닷컴 kr.hotels.com

호텔 예약 국내 사이트
- 오케이에어텔 www.okairtel.com
- 예손여행사 www.philhotel.co.kr

지역 전문 카페 이용하기

보라카이는 현지 한국인이 운영하는 인터넷 카페가 강력한 정보 제공자이자 여행사 역할을 한다. 특히 이들 전문 카페는 숙소 예약은 물론, 항공권이나 현지의 인기 있는 투어 예약, 픽업(교통), 문제 처리 등도 도와주어 인기 있다. 상담 역시 마음 편하게 할 수 있다.

보라카이 여행 관련 카페
- 보자무싸 cafe.naver.com/cheepboracay
- 세이 필리핀 cafe.naver.com/realfreetour
- 엔조이 필리핀 www.njoypp.com

D-20 여행 정보 수집하기

온라인에는 가이드북에는 없는 여행자의 따끈따끈한 현지 정보가 있다. 실시간으로 정보가 변경된다는 것도 장점.

한국어 웹사이트

• 필리핀 관광청
필리핀 관광청 홈페이지에서 전반적인 필리핀 여행 정보를 얻을 수 있다. 관광책자, 지도, 앱 등을 다운받을 수도 있다.
홈피 www.7107.co.kr

• 온필
필리핀 포털사이트로 다양한 정보는 물론 예약도 가능하다.
홈피 www.onfill.com

• 엔조이 필리핀 보라카이
보라카이 현지에서 오랫동안 여행사를 운영해온 터줏대감. 자유여행자를 위해 예약을 대행해주며 보라카이 현지 정보도 알려준다.
홈피 cafe.naver.com/njoypp

• 세이 필리핀
필리핀 전역에 대한 여행정보를 공유하는 네이버 카페로 실시간으로 올라오는 날씨와 여행정보 등을 얻을 수 있다.
홈피 cafe.naver.com/realfreetour/132893

영문 웹사이트

• 트립어드바이저
전 세계 여행자들이 가장 많이 이용하는 리뷰 사이트. 인기 있는 리조트를 살펴보고 싶을 때 도움이 된다. 우리와 시각이 다른 정보가 많다는 점에 유의하자.
홈피 www.tripadvisor.com

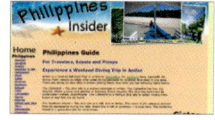

• 필리핀 인사이더
지속적으로 업데이트되는 유용한 정보를 얻을 수 있다. 세부와 보홀에 대한 여행 정보가 다양하며 리조트별 리뷰도 풍부하다.
홈피 www.philippinesinsider.com

D-10 면세점 쇼핑

해외여행 시에만 누릴 수 있는 특권이 바로 면세점 쇼핑. 국내 면세점은 출국 시에만 이용 가능한 곳으로, 한국에 돌아올 때는 이용이 불가능하다는 점에 유의하자.

면세점 쇼핑 시 필요한 것
정확한 출국 정보(출국 일시, 출국 공항, 항공/편명)와 여권.

면세점 상품 구매 가능 기간
면세점에 따라 출국일 1~2개월 전부터 구매 가능.

면세점 구매 한도
출국 시 내국인의 국내 면세품 구입 한도는 1인당 US$3000까지이나, 국내로 가져올 수 있는 반입 한도는 면세점에서 구입한 물품과 해외에서 구입해 가져오는 물품을 포함해 1인당 총액 US$600까지만 면세 적용받는다. 즉, 1인당 US$600를 초과하는 물품에 대해서는 입국 시 자진 신고하고 세금을 납부해야 한다. 만약 초과되는 물품을 신고하지 않고 입국하다 발각되면 세금 외에 가산세가 추가되고, 경우에 따라 관세법에 따라 처벌받을 수 있다. 자진 신고 시 물품 가격은 신고 금액으로 적용받을 수 있으니 영수증을 챙겨두자. 자세한 사항은 인천공항세관(www.customs.go.kr/airport) 참고.

면세점의 종류
출국 전 쇼핑이 가능한 면세점은 크게 네 가지로 나눌 수 있고 시내 면세점과 인터넷 면세점은 구입 후 공항에서 수령하게 된다. 이때 구입한 영수증을 반드시 지참해야 한다.

시내 면세점
직접 방문해서 물건을 보고 구입할 수 있다는 장점이 있고, 종종 구매 금액별 상품권 이벤트나 세일 등으로 더욱 저렴하게 살 수도 있다. 먼저 안내 데스크를 방문해서 VIP 카드를 발급받은 뒤 쇼핑하면 더 저렴하게 쇼핑을 즐길 수 있다.

인터넷 면세점
온라인으로 쇼핑할 수 있는 인터넷 면세점 쇼핑은 집에서도 간단하게 이용할 수 있어 편리하다. 각종 할인 쿠폰, 신규 가입 적립금 이벤트 등을 상시 진행해 더욱 알뜰하게 구입할 수 있다. 단점이라면 직접 물건을 보지 못한다는 것과 제한적인 상품만 쇼핑할 수 있다는 것. 쓰던 제품이 아니라면 오프라인 면세점에서 구경한 후 온라인으로 주문하는 것도 방법이다.

공항 면세점
출국 당일 공항 내 면세 구역에서 상품 구입과 동시에 바로 수령할 수 있다는 장점이 있으나 면세점 할인 폭과 상품 구색이 시내 면세점보다 적고 시간이 없을 때는 쇼핑을 제대로 즐기기 힘들다.

기내 면세점
항공사에서 운영하는 면세점으로, 비행기 안에서 책자를 보고 주문하면 쇼핑한 물건을 바로 받을 수 있어 편리하다. 인터넷으로 미리 주문할 경우에는 출발편과 도착편 항공기를 선택해서 수령할 수 있다. 하지만 판매하는 물품이 한정되어 있어 선택의 폭이 좁고, 인기 상품은 빨리 매진된다는 단점이 있다.

면세품 수령하기
시내 면세점과 온라인 면세점에서 구입 시 출국일 공항 안에 있는 면세품 인도장에서 수령하게 된다. 입국 심사를 마치고 난 후 면세 구역으로 들어가면 구입 시 받은 영수증과 여권을 제시해야 한다. 면세품 인도장의 정확한 위치는 교환권이나 공항 내 지도로 확인하자.

면세점	인터넷점
롯데면세점	www.lottedfs.com
신라면세점	www.shilladfs.com
신세계면세점	www.ssgdfs.com
동화면세점	www.dutyfree24.com
갤러리아면세점	www.galleria-dfs.com
그랜드면세점	www.granddfs.com
SM면세점	www.smdutyfree.com
신라아이파크면세점	www.shillaipark.com

D-5 환전하기

한국에서 한국 돈 원화가 쓰이듯 필리핀에서는 필리핀 화폐, 즉 페소 Peso(이 책에서는 P로 표기)가 쓰인다. 지폐로는 2000·1000·500·100·50·10·5P가 있으며 동전으로는 1·5P가 있다. 페소보다 작은 단위는 센타보인데 100센타보가 1P이다. 1·5·25·50센타보짜리 동전이 있지만 잘 사용하지 않는다.

현금

페소는 한국에서 직접 바꾸어 가는 방법과(공항에서 환전 가능) 미국 달러로 바꿔 가서 현지에서 페소로 바꾸는 방법이 있는데, 후자가 더 많이 이용된다. 공항뿐 아니라 관광객들이 몰리는 곳에는 은행과 환전소가 많아 달러를 이용한 환전에는 어려움이 없는 편이다. 다만 마닐라 시내의 사설 환전소에서 여행자를 대상으로 사기를 치는 일도 있으니 주의해야 한다. 공항의 환전소나 호텔에서도 환전 가능하나 환율이 상대적으로 불리한 편이다. 한 가지 특이한 것은 50·100달러를 환전할 때의 환율이 1·5·10달러 등을 환전할 때보다 높다는 점. 그러므로 미화 100달러로 환전해 현지에서 페소로 환전하는 것이 가장 유리하다.

신용카드

현금 외에 비상용으로 신용카드를 준비해 가는 것이 좋다. 신용카드는 호텔이나 쇼핑몰, 중급 이상의 레스토랑에서 사용 가능한데, 섬이나 개발이 덜 된 지역에서는 사용할 수 없는 곳도 많다. 따로 3% 이상의 수수료를 받는 곳도 꽤 있다. 현금카드 기능이 있는 신용카드는 ATM을 이용해 페소를 인출할 수도 있다. ATM은 필리핀 전역에 널리 보급되어 있다.

> **TIP 씨티은행 국제현금카드 활용하기**
>
> 체류 기간이 길거나 예산 산출이 어렵다면 씨티은행 국제현금카드를 추천한다. 한국에서 미리 현금카드에 한국 돈을 넣어두고 가면 필리핀 현지에서 쉽게 ATM을 통해 바로 필리핀 페소로 인출해 사용할 수 있다. 페소로 바로 나와 환전할 필요가 없어 편리하다. 또 씨티은행 카드는 다른 국제현금카드와 비교해 수수료가 저렴한 편이라 여행자들이 애용한다. 단, 씨티은행 ATM이 설치되어 있지 않은 지역도 있으니 여행지에 ATM이 있는지 미리 체크해보자.

D-1 짐 꾸리기 & 여행자보험 가입하기

짐 꾸리기

리스트를 살펴보며 빠진 것이 없는지 체크해가면서 짐을 꾸리자. 짐은 최대한 간소하게 싸는 것이 좋으며 현지에서 쇼핑할 것을 감안해 가방을 너무 꽉 채우지 않도록 하자. 공항에서 자주 사용하는 여권, 항공권, 각종 바우처, 현금 등은 바로바로 꺼낼 수 있도록 트렁크가 아닌 작은 가방에 따로 넣어두자.

여행 필수품 체크리스트

여권과 여행 경비	여권, 비행기 전자 항공권, 여행 경비, 신용카드, 여권 사본과 예비 여권 사진
의류	더운 나라이므로 여름옷을 챙겨 가는 것은 물론이고 뜨거운 자외선과 강한 에어컨 바람을 막아줄 얇은 카디건이나 긴소매 외투도 챙기자.
수영복	해변에 갈 계획이 있거나 수영장이 있는 호텔이라면 반드시 수영복을 챙기자.
선글라스	뜨거운 자외선 막고 패션에도 한몫하는 선글라스는 필수!
선크림	자외선을 막아줄 선크림은 필수. SPF가 높은 것으로 준비하는 것이 좋다.
세면도구	치약, 칫솔, 샴푸, 린스 등은 기본적으로 제공하는 곳도 있지만 질이 떨어지기도 하니 작은 사이즈로 준비하면 좋다. 렌즈 세정액, 식염수, 면도기, 화장품도 챙기자.
전자 제품	카메라(충전기, 메모리 카드), 노트북, 휴대폰, MP3
의약품	간단한 응급약(감기약, 지사제, 진통제, 소화제, 반창고), 모기 퇴치제, 생리용품

> **TIP 기내 액체 물질 반입 제한**
>
> 2007년부터 안전상의 이유로 국제선 탑승 시 액체 물질 기내 반입을 제한하고 있다. 100ml 이상의 액체와 젤 타입(화장품, 물, 식염수 등) 물품은 기내에 휴대하지 못하므로 100ml 이상의 물품은 반드시 트렁크에 넣어 수하물로 보내야 한다. 그 이하라면 밀폐 봉투에 담아 휴대하면 비행기에 가지고 탈 수 있다. 그러지 않으면 즉시 폐기 처리되므로 꼭 유의하자.

> **TIP 짐 분실 방지를 위한 표식**
>
> 트렁크에 이름과 전화번호 등을 적은 꼬리표를 가방에 달아 다른 여행자가 착각해서 가져가지 않도록 하거나 리본을 매는 등 표시해두면 나중에 찾기도 쉽다.

여행자보험 가입하기

만약의 사고나 도난 등을 방지하기 위해 여행자보험을 들어두면 안전하다. 여행 중 병원에 가거나 상해를 입었을 때, 도난과 물품 파손 등 사고를 당했을 때 보상받을 수 있으며 가입 비용은 여행 기간, 보상 금액, 보험 회사마다 차이가 있다. 사고가 발생했을 때, 현지 경찰서나 병원에서 사고 유무를 증빙하는 서류나 진료 확인증, 영수증을 받아두어야 추후 보상받을 수 있다. 대부분의 보험 회사에 여행자보험 상품이 있으며 온라인이나 공항에서도 가입 가능하다.

D-day 출국하기

국제선에 탑승하기 위해 공항에 갈 때는 시간적 여유를 두고 일찍 출발하는 것이 좋다. 일반적으로 출발 2~3시간 전에 도착해야 공항에서 필요한 절차를 무리 없이 처리할 수 있다.

인천국제공항으로 가는 교통편

한국 최대의 국제공항인 인천국제공항. 이곳으로 가는 일반적인 방법은 공항버스와 공항철도를 통해 이동하는 것이다. 공항버스는 서울과 수도권은 물론 전국 각지에서 연결되어 가장 많이 이용하는 이동 수단이다. 공항철도는 서울역과 지하철 1·2·4·5·6·9호선과 연결되어 편리하게 이동할 수 있다.

• 공항버스

가장 보편적으로 이용하는 방법으로 일반 공항 리무진버스부터 고급 리무진버스, 시내버스, 시외버스 등을 이용해 인천국제공항으로 갈 수 있다. 인천국제공항 홈페이지(www.iiac.co.kr/airport/traffic/bus/busList.iia)를 참고하면 지역별 버스 노선과 요금을 확인할 수 있다. 지방행 버스는 인터넷 예매(www.airportbus.or.kr)가 가능하니 미리 웹사이트를 통해 체크하자.

• 공항철도

비교적 저렴한 요금으로 지하철과 서울역을 연계해 이용하기 편리하다. 서울역에서 출발해 공덕, 홍대입구, 디지털미디어시티, 김포공항, 계양을 거쳐 인천국제공항까지 간다. 일반열차로는 53분(4250원), 직통열차로는 43분(8000원) 걸린다. 아시아나항공·대한항공 이용객은 서울역에 위치한 도심공항터미널에서 탑승수속이 가능하다. 자세한 사항은 코레일공항철도 홈페이지(www.arex.or.kr)를 확인하자.

• 승용차

이동 시 인천국제공항 고속도로를 이용하면 된다. 고속도로 통행 요금을 지출해야 하며, 자동차를 공항에 주차하려면 주차 비용을 내야 한다. 주차 관련 요금 확인은 인천국제공항 홈페이지(www.airport.kr)를 참고하면 된다.

김해국제공항으로 가는 교통편

김해국제공항은 주로 부산을 비롯한 경상도 지역의 여행자들이 이용하는 공항이다. 일반적으로 공항버스나 택시를 이용해 공항으로 가게 된다.

• 공항리무진

남천동, 해운대(1번 노선 : 해운대 특급 호텔–김해국제공항, 2번 노선 : 해운대 신시가지–김해국제공항)
서면, 부산역(충무동–남포동–연안여객터미널–중앙동–부산역–부산진역–서면 롯데 호텔–김해국제공항)

• 지하철

대저역(3호선) 또는 사상역(2호선)에서 공항역(부산–김해 경전철) 환승

> **TIP 겨울철 두꺼운 외투를 보관 · 택배 서비스해주는 시설**
> • 한진택배 수하물 보관소: 동측(체크인 카운터 B)
> 전화 032-743-5804 운영 시간 06:00~22:00
> • 대한통운 수하물 보관소: 서측(체크인 카운터 M)
> 전화 032-743-5306 운영 시간 07:00~22:00
> • 크리스탈세탁소: 인천국제공항 교통센터 지하 1층 우리은행 뒤편
> 전화 032-743-2500 운영 시간 08:00~20:00

출국 절차

인천국제공항 도착 ➡ 카운터 확인 ➡ 탑승 수속, 짐 부치기 ➡ 세관 신고 ➡ 탑승구 통과 ➡ 보안 검색 ➡ 출국 심사 ➡ 면세 구역 ➡ 비행기 탑승

탑승 수속 카운터 확인

출발 층에 도착하면 먼저 운항 정보 안내 모니터에서 탑승할 항공사명을 확인한다. 항공사별로 알파벳으로 구분된 탑승 수속 카운터(A~M)를 확인하고 해당 카운터로 이동해 탑승 수속을 하면 된다.

탑승 수속과 짐 부치기

항공사 탑승 수속은 보통 출발 2시간 30분 전부터 시작된다. 탑승 수속은 항공 출발 시각까지 하는 것이 아니라 출발 40~50분 전에 마감되니 주의해야 한다. 카운터에서 여권과 예약 항공권(혹은 전자 티켓)을 제시하면 탑승 게이트와 좌석이 적혀 있는 탑승권(보딩 패스 Boarding Pass)을 받는다. 예약 항공권(혹은 전자 티켓)은 귀국편 수속에도 사용하니 잘 보관해야 한다. 짐을 부치고 나면 수하물 증명서(배기지 클레임 태그 Baggage Claim Tag)를 받는다. 만일 짐이 없어졌을 때 유일한 단서가 되니 짐을 찾을 때까지 수하물 증명서를 잘 보관해야 한다.

세관 신고

미화 1만 달러 이상을 소지하고 있다면 출국하기 전 세관 외환 신고대에서 신고하는 것이 원칙이다. 여행 시 사용하고 다시 가져올 고가품을 소지하고 있다면 '휴대 물품 반출 신고(확인)서'를 받아두는 것이 안전하다. 세관 신고할 물품이 없으면 곧장 국제선 출국장으로 이동하면 된다.

보안 검색

가까운 국제선 출국장으로 들어가 보안 검색을 받으면 된다. 이때 여권과 탑승권을 제시해야 하며 검색대를 통과할 때는 모자를 벗고 주머니도 모두 비우고 가방 등을 엑스레이로 투시하며 통과하게 된다. 화장품이나 음료수 등의 액체나 젤, 칼 등의 물품은 압수당할 수 있으니 주의해야 한다.

출국 심사

보안 검색대를 통과하면 바로 출입국 심사대가 나온다. 여권과 탑승권을 제시하고 출국 심사를 받고 통과하면 된다.

면세 구역

출국 심사가 끝나 여권에 도장을 받으면 형식적으로는 한국을 떠난 셈이 되며 세금을 내지 않고 쇼핑할 수 있는 면세 구역에 들어서게 된다. 한국에 들어올 때는 이용하지 못하는 면세점이니 필요한 물건은 여기서 미리 사두자. 또 시내 면세점이나 인터넷 면세점을 통해 구입한 물건이 있다면 면세 구역 내의 면세점 인도장에서 전달받는다.

> **TIP 출국장 이동 전 확인할 것**
> - 여행자보험에 들지 않았다면, 여행 중 혹시 모를 불의의 사고를 대비해 출국장 이동 전 미리미리 가입해두자.
> - 한국 휴대폰을 로밍할 계획이라면 공항 내 통신사에 문의하거나 요청하면 된다.
> - 면세 구역 내에서도 환전할 수 있지만 현금을 출금할 수는 없다. ATM에서 현금을 출금해 환전해야 한다면 출국장으로 이동하기 전에 해야 한다.

비행기 탑승

항공기가 대기하는 탑승구(Gate)에는 적어도 출발 시간 30분 전까지 도착해야 한다. 공항이 크고 가끔 변경 사항도 있어 탑승구까지 시간이 많이 걸릴 수도 있다. 특히 외국 항공사를 이용한다면 셔틀 트레인을 타고 이동해 별도의 청사에서 보딩하기 때문에 게이트까지 이동 시간을 여유 있게 잡아야 한다.

> **자동 출·입국 심사(Korea Automated Immigration Clearance)란?**
>
> 2008년 6월부터 실시한 자동 출입국 심사는 사전 등록제로 보다 신속하고 편리한 출입국 심사 제도이다.
> - 이용 대상: 17세 이상 한국인, 법무부에 등록한 승무원
> - 이용 기간: 여권 만료 전일까지
> - 등록 절차: 여권 소지 → 등록 센터 방문(인천국제공항 3층 체크인 카운터 F 구역 옆) → 신청, 심사 → 지문 등록, 사진 촬영
>
> ※자세한 사항은 대한민국전자정부(www.hikorea.go.kr) 참고

만 15세 미만 소아 입국 규정

필리핀 이민국은 2000년 1월 19일부터 부모와 동반하지 않는 '만 15세 이하 소아'의 입국 규정을 개정해 국내에서 공증받은 서류와 별도의 수수료(3120P)를 지불해야 한다.

친아버지와 동반 시
영문 주민등록등본(부와 소아의 여권 영문 성의 철자가 다를 경우)

어머니와 동반 시
영문 주민등록등본(부모 자녀 모두 명기, 여권상의 영문과 동일해야 함)

부모 미동반 시
공증받은 영문 부모 동의서, 영문 주민등록등본, 입국 수수료(3120P)
- 부모 동의서(Affidavit of Support and Consent) : 영문 작성 후 공증 사무소에서 공증받을 것
- 주민등록등본(영문)
- 여권용 사진 1매
- 동반자의 여권 사본

영문 주민등록등본 발급
전자정부에서는 불가능하며, 여권에 기재된 영문 성명을 메모하거나 여권을 지참해 직접 행정기관(읍·면·동사무소)을 방문해 신청해야 한다. 부모 비 동반 소아 입국을 위한 부모 보증서는 필리핀 대사관(www.philembassy-seoul.com)에 자세하게 문의하자.

동명이인 필리핀 출·입국 거부

관련 안내
필리핀에 입국하거나 출국하려다 규제자(블랙리스트)와 이름이 같다는 이유로 출입국이 거부되는 사례가 종종 발생하고 있다. 아래는 필리핀 입국 중 이민국에 의해 입국 거부되는 사례로 각별히 주의하도록 하자. 블랙리스트에 오른 이름과 동명이인일 경우 입출국 시 문제가 생길 수 있으므로 주 필리핀 대한민국 대사관이나 관광청에서 미리 확인을 해보자.

- 블랙리스트에 올라 있는 자
- 블랙리스트에 올라 있는 자와 이름이 같은 동명이인
- 블랙리스트에는 올라있지 않으나 과거 필리핀 출입국 과정 중 부정적 기록이 남은 자
- 관광비자로 필리핀에 장기간(최장 6개월) 체류하다 필리핀 출국 후 재입국하는 자
- 여권상의 기록 및 이민청 출입국 기록으로 볼 때, 순수 관광목적 입국자가 아닌 노동(취업), 학업(단기연수) 등을 위한 재입국자로 판단되는 자
- 기타 : 여권 유효기간이 6개월 미만인 자, 왕복 항공권 미소지자, 이민청 직원에 대해 난폭한 행동이나 무례한 언동을 한 자 등

주 필리핀 대한민국 대사관
embassy_philippines.mofa.go.kr
필리핀 관광청
www.7107.co.kr

입·출국 카드 작성 ARRIVAL AND DEPARTURE CARD

- ❶ 영문 이름 HONG KIL DONG
- ❷ 성별(MALE 남성, FEMALE 여성)
- ❸ 생년월일 01/30/75
- ❹ 태어난 국가 KOREA
- ❺ 국적 KOREA
- ❻ 직업 BUSINESS
- ❼ 거주지 #163-10, DONGKYO-DONG, MAPO-KU, SEOUL, KOREA
- ❽ 필리핀 숙소 주소(호텔명) MANILA HOTEL, MANILA
- ❾ 여권 번호 KN283478
- ❿ 여권 발급지 SEOUL
- ⓫ 여권 발급일 03/30/06
- ⓬ 여행 목적 HOLIDAY
- ⓭ 필리핀 방문 횟수 1
- ⓮ 패키지 투어 여부 NO
- ⓯ 본인 사인
- ⓰ 탑승한 공항 INCHON
- ⓱ 항공편명 OZ372
- ⓲ 동반 가족 있을 때 적는 곳
- ⓳ 세관 신고 1번부터 4번까지 모두 NO

> **TIP** 입·출국 카드 작성 요령
> - 여행 목적은 'Holiday'에 표기한다.
> - 도착지 주소는 호텔을 정하지 않았다 해도 아는 호텔 이름을 적는다.
> - 출입국 사무소 직원이 입국 신고서에서 출국 신고서 부분을 뜯어 여권에 끼워주는데, 이를 버리지 않고 잘 보관해야 출국할 때 문제가 없다.

INDEX

ㄱ

가든 카페 ···107
게리스 그릴 ···102
그랜드 비스타 ·····································177
길리스 아일랜드 ·································109

ㄴ

나미 ··173
나미 레스토랑 ·····································178
나이스 엔 이지 숍 ································73
난다나 보라카이 ·································120
낫싱 벗 워터 ··72
네오 스파 ··111
니기 니기 누 누스 바 ·······················140

ㄷ

더 디스트릭트 ·····································118
더 린드 ···112
도스 메스티조스 ·································134
돈 비토 ···137
디 몰 ··68
디 스파 ··93
디 탈리파파 시장 ·······························131
디니위드 비치 ·····································178

ㄷ

디스커버리 쇼어 ·································113
띠르따 스파 ···170

ㄹ

라 카멜라 데 보라카이 호텔 ·············151
라바 스톤 마사지 ·······························143
라우렐 섬 ··167
레드 코코넛 ···116
레드 파이러츠 펍 ·······························141
레몬 카페 ··78
루호 산 전망대 ···································167
르 솔레일 ··150
리얼 커피 ··138
림 스파 ··92

ㅁ

마냐나 ··102
마리스 스파 ···171
만달라 빌라 ···147
만달라 스파 ···144
메사 ··136

ㅂ

발링하이 리조트	175
발링하이 비치	166
발할라	88
버짓 마트	72
베스트 웨스턴 보라카이 트로픽스 리조트	151
벨라 이사 스파	145
보라 스파	143
보라카이 리젠시 비치 리조트	148
보라카이 만다린 아일랜드 리조트	150
보라카이 샌드 호텔	152
보라카이 업타운	148
보라카이 오션 클럽 비치 리조트	153
봄 봄	91
블루 라군 빌라	177
블루 마리나	153
비치 헛 바	107
빅터 오르테가 아일랜드 스파	110

ㅅ

샤키즈	138
샹그릴라 보라카이	172
서니 사이드 카페	133
서머 플레이스	140
세븐 스톤스 보라카이 스위트	176
세븐스 노트 카페	169
솔라나	168
솔스티스 선 라운지	91
수르 레스토랑	106
술루 플라자	139
스모크	90
스테이블스	71
스팀 펑크	85
스파이더 하우스	179
스파이스 버드	82
시 윈드 리조트	113
시마	80

ㅇ

아리아	79
아리엘 다이빙 포인트	160
아샤 프리미어 스위트	173
아스토리아	117
아이 러브 바비큐	89
아일랜드 걸	75
아일랜드 이나살	84
아일랜드 풋스파	111
안독스	85
알 프레스코	106
앨리스 보라카이	152
앰배서더 인 파라다이스	114
어 피스 오브 그린	75
어메이징 쇼	101
에스콘디도 비치 리조트	115

에스타시아 우노 …………………… 118	
에픽……………………………………… 84	
오바마 그릴 바 & 레스토랑 …………… 105	
오제이스 그릴 ………………………… 108	
올 인 ……………………………………… 83	
올레……………………………………… 87	
옴 바 …………………………………… 141	
와히네 비치 바 ………………………… 179	
요나스…………………………………… 105	
웨스트 코브 …………………………… 177	
웨트 숍 ………………………………… 77	
위글스 부티크 ………………………… 74	
윌리스 락 ……………………………… 101	

ㅋ

카사 피에스타 리조트 ………………… 115
카스바 ………………………………… 104
카우보이 코치나 ……………………… 136
카페 델 솔 ……………………………… 79
칸 스파 ………………………………… 110
켄………………………………………… 81
코스트 ………………………………… 146
코코 마마 ……………………………… 80
코코망가스 …………………………… 109
크라운 리젠시 리조트 앤 컨벤션 센터 … 149
크라운 리젠시 프린스 호텔…………… 117
크래프츠 오브 보라카이 ……………… 71
크레이지 크레페 ……………………… 86
크리스털 샌드 ………………………… 119
크리스털 샤크 ………………………… 76
크리스티나……………………………… 137
클럽 팔라우 …………………………… 109

ㅈ

재스퍼스 탑실로그 …………………… 139
젬 토크 ………………………………… 77
주점부리………………………………… 108
주주니…………………………………… 103
줄리스 베이크숍 ……………………… 90

ㅌ

타나윈 리조트 앤 럭셔리 아파트 …… 174
타이 바질 ……………………………… 82
타이드…………………………………… 94
투 시즌스 ……………………………… 120
트루 푸드 ……………………………… 135
티브라즈………………………………… 103
티토스…………………………………… 88
틸라피아 엔 칩스 ……………………… 89

ㅊ

찹스틱…………………………………… 83

ㅍ

파라디소 그릴	86
파마나 레스토랑	108
파우 파트리 레스토랑	134
파티오 퍼시픽	119
팔라사 스파	145
팔레이	169
팜즈 오브 보라카이	174
펄 오브 더 퍼시픽	120
페어웨이 & 블루 워터 골프 리조트	175
포세이돈	171
푸카셸 비치	166
풋지즈	93
프라이데이스	114
필리그레네시아	77

ㅎ

하와이안 바비큐	104
하이딜란 델리	76
할로위치	87
합찬	135
해룡왕	132
해피 플래닛	73
햄스테드 보라카이 부티크 호텔	116
헤난 가든 리조트	149
헤난 라군 리조트	147
헤븐 스위트	119
헤이 주드	94
헤이 주드 사우스 비치 리조트	153
헬리오스 스파	142
휴고드	74

숫자 · 영어

100% 코코넛 카페	81
357 보라카이	152
MNL 비치 호스텔	176

보라카이
미니 x **100배** 즐기기

초판 1쇄 2016년 11월 23일
초판 3쇄 2017년 12월 27일

지은이 한혜원·박진주

발행인 양원석
본부장 김순미
편집장 고현진
책임편집 최혜진
디자인 RHK 디자인팀 이재원
해외저작권 황지현
제작 문태일
영업마케팅 최창규, 김용환, 이영인, 정주호, 양정길, 이선미, 신우섭, 이규진, 김보영, 임도진

펴낸 곳 (주)알에이치코리아
주소 서울시 금천구 가산디지털2로 53 한라시그마밸리 20층
편집 문의 02-6443-8892 **구입 문의** 02-6443-8838
홈페이지 http://rhk.co.kr
등록 2004년 1월 15일 제 2-3726호

ⓒ 2016 한혜원·박진주

ISBN 978-89-255-6059-5(13980)

※ 이 책은 (주)알에이치코리아가 저작권자와의 계약에 따라 발행한 것이므로
  본사의 서면 동의 없이는 어떠한 형태나 수단으로도 이 책의 내용을 이용하지 못합니다.
※ 잘못된 책은 구입하신 서점에서 바꾸어 드립니다.
※ **책값은 뒤표지에 있습니다.**